Michael J. Roads
Mit der Natur reden

Michael J. Roads

Mit der Natur reden

Bäume, Pflanzen, Tiere,
Steine, Wasser und Wind offenbaren
das verborgene Wissen der Schöpfung

Mit einem Vorwort von Sir George Trevelyan

Dritte Auflage

Ansata-Verlag
Paul A. Zemp
Rosenstraße 24
CH-3800 Interlaken
Schweiz
1994

Aus dem Englischen von Waltraud Ferrari
Lektorat: Elisabeth Hämmerling

Titel der Originalausgabe:
TALKING WITH NATURE
Sharing the Energies and Spirits of
Trees, Plants, Birds, and Earth
Erschienen bei H. J. Kramer Inc, Tiburon

Umschlagbild: Robert Wicki
Satz: Jung SatzCentrum, Lahnau
Druck: Kösel, Kempten/Allgäu
ISBN 3-7157-0117-X

Inhalt

Meiner Frau Treenie in Liebe gewidmet –
der Feenkreis wächst immerfort!

Vorwort

Dies ist ein wunderbares und außergewöhnliches Buch, das vielen Menschen einen neuen Zugang zur Natur ermöglichen wird.

Die Natur, dieser große, wohldurchdachte Plan, ist ein Kunstwerk, eine fantastische, vielverzweigte, immerfort fließende Einheit, in der auch wir fester Bestandteil sind. Wir fühlen uns heute in der zivilisierten Welt von der Natur getrennt, weil wir in den letzten Jahrhunderten nur mehr die Rolle des Beobachters eingenommen haben und bemüht waren, die Natur aus Macht- und Gewinnstreben zu beherrschen. Wir, die wir die rechtmäßigen Verwalter dieses Planeten sind, haben in dieser Aufgabe traurigerweise sträflich versagt, und gerade jetzt sind wir dabei, unsere wunderbare Welt in eine Wüste zu verwandeln.

In den letzten Jahrhunderten sind die sensiblen weiblichen Fähigkeiten der rechten Gehirnhälfte in Vergessenheit geraten und dadurch verkümmert. Gerade die poetischen Kräfte der Phantasie sind es jedoch, die das lebendige Ganze zu erfassen vermögen. Wir müssen uns von neuem bewußt machen, daß die sichtbare Natur nur die Form darstellt; die lebendige Idee, die dahinter steht, ist hingegen das Herz. Der Mensch, diese Krone der Evolution, ist so ausgestattet, daß er/sie in Gedanken mit diesen Ideen verschmelzen kann.

Erkennen Sie diese große Wahrheit: In jedem von uns wohnt der göttliche Funke, ein geistiges Wesen, das in einem Tempel – dem Körper – beherbergt wird; dieser ermöglicht es uns, in der Dichte und Schwere der materiellen Welt zu agieren. Wir sind vom «Beobachter-Gedanken» so sehr durchdrungen, daß wir nur allzu leicht annehmen, Gott oder unsere geistigen Führer würden von außen auf uns einwirken. Die große Wahrheit besteht jedoch darin, daß die Wesen der höheren Welten *in unserem Inneren durch unsere eigenen Gedanken* zu uns sprechen. Alles ist Gedanke, und im Denken verschmelzen wir mit höheren Wesenheiten.

Gott spricht in unseren Gedanken zu uns. Er ist in jeder Blume, jedem Baum, in den Tieren, Vögeln, Kristallen und Wolken, ja in jeder Woge des Ozeans. Daraus folgt, daß sich die Menschheit *über das Denken* mit den höheren Welten vereinen und mit ihnen verschmelzen kann, sobald das Konzept der Trennung überwunden ist.

Jetzt halten wir dieses bemerkenswerte Buch in Händen, das die Erfahrungen eines einzigen Mannes schildert. Wenn es dem Autor gelungen ist, mit der *Natur zu reden,* besteht auch für uns diese Möglichkeit. Was zählt, ist die Art der Annäherung und die entsprechende Geisteshaltung. Gehen Sie auf eine der vielen Formen der Natur zu – ob Baum, ob Hügel, ob Fluß oder Blume – und sprechen Sie innerlich ihr Wesen an. Dann beobachten Sie, welche Antwort Sie erhalten, die im Geist und im Herzen fühlbar wird, und erwidern Sie sie durch Liebe. Lassen Sie den Strom einsetzen. Diese Form der Meditation erweckt das *innere Auge*.

In diesem Buch finden Sie die wunderbare Bestätigung von Erfahrungen, die uns allen offenstehen. Alle, denen dies gelingt, haben am Erwachen des Planeten Erde teil, denn die Menschheit steht an der Schwelle zur Geburt in ein erweitertes Bewußtsein, in das Wissen um die große Einheit allen Lebens.

Gewiß, diese Erkenntnis spiegelt sich in der Weisheit der Mystiker und Eingeweihten aller Zeitalter wider. Auch heute zeigt sich dergleichen deutlich in Zentren wie Findhorn (Schottland), wo Peter Caddy mit Hilfe einer sensiblen Freundin, Dorothy McLean, den direkten telepathischen Kontakt zu Elementargeistern herstellen konnte. Das Ergebnis war ein herrlicher Garten voller Blumen, Früchte und Gemüse, die auf kargen Sanddünen gedeihen. Die Wüste kann tatsächlich wie eine Rose erblühen, wenn der Mensch den Kontakt zu den Devas und Naturgeistern herstellt und mit ihnen zusammenarbeitet.

Michael Roads' Erfahrungen und das, was er erreicht hat, stellen einen wichtigen Schritt und gleichzeitig ein ermutigendes Beispiel dar. Lernen Sie beim Lesen dieses Buches, wie jeder von uns den Zugang zur Natur finden kann. Es ist nur ein Aspekt des großen Erwachens, das die Menschheit heute an der Schwelle zum Wassermannzeitalter erfährt.

Sir George Trevelyan
Badminton, Avon
15. Mai 1987

Vorwort des Herausgebers

Mit der Natur reden ist ein Buch, das ganz besondere Aufmerksamkeit verdient. Es erzählt die Geschichte eines Mannes, der entdeckt hat, daß er mit den Seelen von Pflanzen und Tieren, ja sogar Steinen und Flüssen, auf verständliche, artikulierbare Weise kommunizieren kann. Ähnlich wie Carlos Castanedas erste Werke erweckt auch dieses Buch das Gefühl, mit dem Wunderbaren in Berührung zu treten.

Anfangs war Michael Roads über seine seltsame neue Fähigkeit bestürzt. Er hinterfragte sie erbarmungslos. Als er seine Erfahrungen schließlich nicht mehr leugnen konnte, ließ er sich von der Natur kräftigen und heilen. Sie erzählte ihm von ihrer tiefen Besorgnis über die bestimmende Rolle, die der Mensch für das weitere Schicksal dieses Planeten spielt. Und so lehrte sie ihn mit Geduld und Mitgefühl, ja sogar mit Humor, wie man mit der Ganzheit der Schöpfung eins werden kann.

Mit der Natur reden ist deshalb ein bedeutsames Buch, weil es all jenen, die die Wunden der Entfremdung heilen wollen, eine neue Möglichkeit bietet, sich in liebevollem Gewahrsein mit dem spirituellen Wesen der Natur zu verbinden.

Dieses Buch bringt eine Botschaft der Hoffnung für uns alle.

Eine Lösung kündigt sich an. Wie Michael Roads kann die gesamte Menschheit lernen, die Stimmen der Natur wahrzunehmen und auf sie zu hören. Es ist möglich, uns mit der spirituellen Essenz des Universums wieder bewußt zu vereinen.

Michael Roads hat einen großen Schritt getan. Die Kraft der Natur, die ihn an Körper, Seele und Geist geheilt hat, ist uns allen zugänglich. Er berichtet vom Geschenk der freudigen Versöhnung. Die Natur muß nicht unser Gegenspieler, sie kann unser Freund sein. Sie kann uns dazu verhelfen, wieder auf den rechten Weg zu gelangen. Die Vögel, Pflanzen, Flüsse und Winde beten für uns. Werden wir auf sie hören, bevor es zu spät ist? Können wir rechtzeitig hinhören lernen?

Ich glaube, daß es möglich ist. Aus diesem Grund ist es mir eine besondere Freude, dieses Buch herauszugeben.

Harold Kramer
Herausgeber

Dankeswort

Zu allererst möchte ich Treenie dafür danken, daß sie an mich geglaubt hat. Ohne ihre Unterstützung und Ermutigung wäre dieses Buch nie entstanden. Gemeinsamkeit war der Schlüssel, der uns bei der Enthüllung des Verborgenen geholfen hat.

Mein besonderer Dank gebührt Richard Bach (der bewiesen hat, daß Worte Zeit und Raum zu überbrücken vermögen) für seinen Kommentar auf dem Buchumschlag und für seine liebevolle Unterstützung und Anregung.

Meinen aufrichtigen Dank an Hal Kramer, einen Herausgeber, der nicht nur glaubt, daß man ein Leben verändern kann, sondern die Veränderung auch Wirklichkeit werden läßt.

Ich danke dem Universum dafür, daß es Linda Tellington-Jones genau zum richtigen Zeitpunkt zu mir gesandt hat.

Weiter danke ich meinem Lektor Greg Armstrong, der mein Manuskript mit sehr viel Feingefühl und Sorgfalt bearbeitet hat.

Jeder Schriftsteller muß von einer Person entdeckt werden, die sein Potential erfühlen kann. Meinen besonderen Dank an Linda Lutzkendorf, die das Potential dieses Buches erkannte und mir dabei geholfen hat, es Wirklichkeit werden zu lassen.

Jack Igguldon, der mein erster literarischer Kritiker, Berater und Mentor gewesen ist, danke ich hiermit ebenfalls.

Verschiedene Menschen, denen ich im Laufe meines Lebens begegnet bin, waren wichtige Auslöser für mich. Genau zum richtigen Zeitpunkt haben sie mir meinen weiteren Lebensweg enthüllt, und immer in dem Moment, in dem ich ins Stolpern geraten war. All diesen Menschen, die ich als ganz besondere Freunde betrachte, danke ich hiermit.

1. KAPITEL

September

Das Schnabeltier verschwand unter Wasser, als würde es von einem Sog in die Tiefe gezogen, so geschmeidig waren seine Bewegungen. Unweit davon sang der Wind durch die langen, dünnen Nadeln einer Careya. Es war eine helle Melodie von einem Klang, der trotz der wärmenden Frühlingssonne ein Gefühl von Kühle entstehen ließ. Eine leichte Brise bewegte das Laub unweit der Stelle, an der ich am Flußufer saß. Das Wasser strömte kühl und klar vorüber, und Tausende immerfort tanzender Lichtfünkchen glitzerten in der Sonne.

«Helft mir», bat ich.

Ich sprach mit dem Fluß, den Felsen und den verschiedenen Pflanzen, die mit geradezu tropischer Üppigkeit in dem Wäldchen um mich herum wucherten. Ich unterhielt mich mit der Natur. Innerlich fühlte ich, daß sie mir zulächelte.

Hilf dir selbst. Wenn du die Geschichte unserer Begegnung niederschreiben willst, dann beginne mit dem Kontaktpunkt, der du selbst bist.

Es würde nicht einfach werden. Ich versuchte es noch einmal.

«Was ich brauche, ist eine einfache, prägnante Erklärung dafür, wie der Mensch den Kontakt zur Natur aufnehmen kann. Ich brauche etwas, das für die Leute einen Bezugspunkt darstellt und leicht zu akzeptieren und zu verstehen ist.»

Das Lächeln wurde deutlich stärker.

Du schlägst also etwas Schriftliches vor, das die Phantasie nicht überschreitet und gleichzeitig so einfach ist, daß es vom Verstand erfaßt werden kann.

«Das ist es», sagte ich triumphierend. «Genau das Richtige.»

Das Lächeln verschwand.

Wie können wir von ungeahnten Realitäten berichten, auf nie dagewesene Konzepte hinweisen oder auch nur die Praktizierbarkeit innerer Wahrheiten demonstrieren, ohne daß das Selbst, das im Inneren schlummert, aufgerüttelt wird?

Ein langer, tiefer Seufzer.

Wir haben die Wahl, mein Freund. Entweder du beschreibst es so, wie es geschieht, wie es sich tatsächlich enthüllt, oder du vergißt das ganze Projekt. Ich kann dir keinen Kompromiß anbieten. Akzeptiere es. Es wird als eine Synthese von Mensch und Natur entstehen.

Lange starrte ich über den Fluß und versuchte so zu tun, als hätte ich nichts gehört. Natürlich konnte ich mein Buch so schreiben, wie ich wollte. Die Kontrolle lag in meiner Hand. Der Felsen unter mir war sehr geduldig. In physischem Sinne hatte er sich sehr lange nicht mehr bewegt, aber ich konnte eine Woge bewußter Aktivität aufsteigen fühlen. Ich wurde von einer ganzen Reihe von Gedanken geplagt. Wer wird mir glauben, wenn ich es so beschreibe, wie es tatsächlich vonstatten geht? Wäre es nicht besser, die Sache in eine Geschichte zu verpacken? Der Gedanke an *Jonathan Livingston Seagull* (Die Möwe Jonathan) ging mir durch den Kopf. Das Problem war nur, daß das ja bereits geschrieben worden war. Aber es war doch lächerlich. Ich konnte doch nicht einfach schreiben, daß ich Bäumen, Steinen und Flüssen zuhörte, mit ihnen sprach und im Geist eine Antwort von ihnen erhielt. Ich drehte und wand mich und tat so, als könne ich das Kichern des Flusses, der sanft an meinem Felsen vorüberströmte, nicht hören.

In meiner gesamten Umgebung war die Erwartung deutlich fühlbar. Die Bäume boten den gewohnten majestätischen Anblick – gelassen und selbstsicher –, während sich die Steine offensichtlich in Schweigen hüllten. Ein Reiher stieß wachsam mit hellen, klaren Augen aus der Luft herab. Nachdem er in mir keinerlei Bedrohung erkannt hatte, ließ er sich vorsichtig auf dem Kies am gegenüberliegenden Ufer nieder, neigte den Kopf zur Seite und fixierte mich mit seinem Blick.

«In Ordnung», sagte ich. «Wenn du eine Meinung hast, könnte ich sie mir ja genauso gut anhören.»

Die Vogel-Energie drang als intensives Gefühl in die feinstofflicheren Bereiche meiner Bewußtheit ein.

Auch wir würden gerne mitmachen. Wenn du von unserer Verbindung berichtest, werden wir unseren eigenen Standpunkt vertreten.

Ich starrte den Reiher an.

«Vertrittst du alle Vögel oder nur deine eigene Spezies?»

Der Reiher stieß seinen degenähnlichen Schnabel blitzartig mit einer Bewegung ins flache Wasser, die das Auge zu narren schien. Dann erhob er sich in die Luft und verschwand mit langsamen Flügelschlägen.

Wir vertreten nur unsere Art. Wir werden mit dir in Kontakt treten, wenn der richtige Zeitpunkt gekommen ist.

Das Reiher-Bewußtsein rollte sich in sich zusammen, wurde immer kleiner und verschwand rasch. Fasziniert stellte ich fest, daß es keineswegs nur ein einzelner Vogel gewesen war, der für sich allein zu mir gesprochen hatte. Der Vogel war vielmehr ein Auslöser für mein sich langsam entwickelndes Gewahrsein. Er war der Bezugspunkt, der mir zu verstehen gab, daß das Reiher-Bewußtsein auf mich wartete und nicht ohne Vorankündigung in meinen Geist eindringen wollte. Ich starrte auf die Worte, die ich soeben niedergeschrieben hatte.

«Das wird kein Mensch glauben.»

Ich sprach mit dem Fluß, der zu meinen Füßen vorbeiströmte. Eine Zeitlang herrschte Schweigen. Dann fühlte ich, wie eine Woge der Kraft aus dem Fluß emporstieg, als würden sich die Energien sammeln.

Du hast deine Entscheidung bereits getroffen. Sie ist lange vorher, bevor du hierhergekommen bist, erfolgt. Ich schlage vor, daß du nun die Klarheit einer höheren Wahrheit durch dich hindurchströmen läßt. Die Angst, die du geschaffen hast, ist durchaus real und kann Schwierigkeiten verursachen. Jetzt wirst du in vertrauensvoller Gewißheit handeln müssen – der Zeitpunkt ist gekommen. Nur eine Minderheit wird sich über dich lustig machen. Diejenigen, die sich von diesem Buch angezogen fühlen, spüren einen inneren Hunger, der gestillt werden möchte.

Deine Worte werden nicht leicht zu verdauen sein. Sie werden viele Fragen aufwerfen, und es wird viel inneren Dialog aufzuarbeiten geben. Das braucht jedoch nicht deine Sorge zu sein.

Eines meiner Lieblingszitate von Victor Hugo schoß mir durch den Kopf: «Nichts ist mächtiger als eine Idee, deren Zeit gekommen ist.» Es war wie ein Geistesblitz. Die Zeit *ist* gekommen. Immer mehr Menschen suchen nach einer höheren Wahrheit und einem höheren Sinn im Leben, und was könnte einen besseren Anfang machen als unsere Verbindung zur Natur?

Ich lächelte ins Wasser.

«Also gut, ich werde es auf eure Weise tun, aber wenn ich versuche, etwas Unglaubliches darzustellen, dann helft mir bitte, es glaubhaft zu machen.»

Die Fluß-Energie, die sich in nahezu formlosen Windungen um mich gelegt hatte, geriet plötzlich in Bewegung. Für einen Augenblick hatte ich den Eindruck, mich im Zentrum eines riesigen Strudels zu befinden, der sich mit überschäumender Freude ausdehnte.

Geh jetzt. Die Ausdehnung erfolgt durch die Annahme. Wenn es dir gelingt, diese Erfahrung zu Papier zu bringen, werden wir uns damit gemeinsam an jene Menschen wenden, mit denen du kommunizieren möchtest.

Einige Tage verstrichen, während ich meine erste Begegnung verdaute und mich darauf vorbereitete, sie dem Papier anzuvertrauen. Ich las meine Aufzeichnungen immer wieder durch.

Niemand würde mir das glauben.

Allmählich mußte ich einsehen, daß vor allem ich selbst all das so unglaubwürdig fand. Ich begriff, daß es immer noch meine Ängste zu überwinden galt.

Wenn die Natur auch eine Herausforderung für mich darstellte, so war sie mir gleichermaßen eine Hilfe. Also kehrte ich an einem sonnigen Morgen an meinen Lieblingsplatz am Fluß zurück.

Der Fluß war kalt, aber kristallklar. Ungefähr einen Meter unter der Wasseroberfläche stand ein Schwarm winziger Fische gegen den Strom. Mühelos trieben sie in ihrer Wasserwelt dahin. Auf den glatten Steinen unter ihnen bahnte sich eine einsame Garnele langsam und bedächtig den Weg zu einem unbekannten Ziel, wobei sie die Umgebung mit ihren Fühlern systematisch abtastete. Ein Wels glitt langsam vorbei und verschwand unter einem Felsvorsprung.

Es war eine ruhige Szenerie, und das Gefühl des Friedens, das mich erfüllte, flößte mir Mut ein. Ich begrüßte den Fluß. «Da bin ich wieder, und ich bin schon ganz erpicht darauf, an dem Buch weiterzuarbeiten.»

Das Gefühl der spiralförmigen Kraft war wieder da.

Oh, jetzt ist es schon DAS *Buch, nicht wahr? Eine beachtliche Verbesserung im Vergleich zum vorherigen* MEIN *Buch. Wenn du diese losgelöste Haltung bewahren kannst, sollte unsere Arbeit nicht allzu schwierig sein.*

Ich fühlte mich ziemlich geknickt.

«Du scheinst andeuten zu wollen, daß ich wohl der einzige bin, der vielleicht im Unrecht sein könnte oder möglicherweise Schwierigkeiten verursacht.»

In der Hoffnung auf ein paar tröstliche Worte hielt ich inne.

Wenn du hier bequem in deinem selbstmitleidigen Ego verharrst, bringt uns das nichts, gar nichts.

Für die nächsten zehn Minuten hüllte ich mich beleidigt in Schweigen und starrte auf den Fluß. Mein Groll schwand allmählich, während ich die heftigen Bemühungen eines Wasserdrachens* verfolgte, ein dickes Insekt zu fangen, das am Ende eines langen, dünnen Zweiges saß, der über dem Wasser hing. Ich konnte sehen, welcher Zusammenhang zwischen den mühevollen Anstrengungen des Wasserdrachens, seinen Preis zu erlangen, und meinen eigenen Bemühungen bestand, einen klaren Ansatz für meine Kommunikation mit der Natur zu finden. Der Wasserdrache war nicht für die Pirsch auf einem langen, biegsamen Ast, der hin und her schwankte, ausgerüstet. Aber auf einem Baumstrunk oder einem Stein am Ufer konnte er die

* In Australien vorkommende Echsenart der Gattung Agamidae.

Geduld selbst sein und wie eine elastische Feder emporschnellen, sobald er sich seiner Beute sicher war. Der biegsame Ast machte das jedoch unmöglich, also mußte er seine Methode ändern. Das platschende Geräusch, mit dem der Wasserdrache ins Wasser fiel, war wohl das Zeichen seines Mißerfolges. Mit hoch erhobenem Kopf schwimmend, verschwand er unter überhängendem Strauchwerk. Auch ich saß auf einem Ast. Diesen Ast hatte ich mir selbst gezimmert – gestützt auf meine alten Anschauungen und auf das Selbstbild, das ich gegenüber der Welt aufrechterhalten wollte.

Neuerlich strömten die Worte aus der Quelle der Kraft.

Mach es wie der Wasserdrache. Laß los und falle in den Fluß. Laß dich vom Fluß des Lebens hinwegtragen, über alle früheren Stützen und abgenützten Anschauungen hinaus. Ich werde dir helfen. Vertraue mir. Und während du aus einem alten Bewußtsein herausschwimmst, das für die höheren Realitäten jenseits der physischen Welt blind ist, vertraue darauf, daß ich dich mit Liebe und Sorgfalt in einen neuen Bewußtseinsstrom geleiten werde. Eine neue Welt wird sich vor deinen Augen auftun. Hast du genug Vertrauen in mich, um das Bekannte hinter dir zu lassen und in unbekannten Gewässern zu schwimmen?

Gerade als ich in den Fluß blickte, schob sich eine dunkle Wolke quer vor die Sonne. Mit einem Mal war das Wasser trübe. Plötzlich war es dunkel und undurchsichtig, vom Geheimnisvollen verdüstert und – aus der Sicht meiner Vernunft – mit Bedrohlichkeit geladen. Ich wußte, daß es so kommen mußte. Wenn der Weg vor mir eine altvertraute Szenerie darstellte, würde ich mich ja weiterhin auf altbekanntem Territorium bewegen.

«Ich akzeptiere. Ich werde mich mit vollem Einsatz in den Strom werfen, den du mir anbietest, und ich bin dankbar dafür. Allerdings bitte ich dich, hab Geduld mit mir, denn ich habe viele alte Ängste und hänge wie der Wasserdrache an alten Gewohnheiten.»

Die Wolke zog schnell davon, und der Fluß war wieder klar und glitzerte einladend. Die Kraft stieg empor und entrollte sich langsam in einem tiefen, inneren Aufatmen. Ich spürte, wie mich ein Gefühl von Frieden und Freude überkam.

Ich war zur Hingabe bereit.

Meine Hingabe an diese Aufgabe war nicht über Nacht entstanden. Sie hatte sich wie das Schicksal selbst im Laufe der Jahre entwickelt, in denen ich als Farmer gelebt hatte. Wenn ich jetzt zurückblicke, kann ich die einzelnen Abschnitte erkennen.

Es begann mit meiner Frau Treenie.

Als wir eines Abends gemütlich im Wohnzimmer saßen, sah sie mich an und verkündete plötzlich: «Die Kühe wollen weiterziehen.»

Ich schnaubte verächtlich. Ihre Bemerkung erschien mir wie eine Herausforderung, also reagierte ich entsprechend darauf.

«Gut. Nur um dir zu beweisen, daß das nicht stimmt, werden wir morgen früh um neun Uhr hinauffahren, und dann wirst du dich vom Wohlbefinden der Kühe auf ihrer fetten Weide selbst überzeugen können.»

Voller Selbstzufriedenheit vertiefte ich mich wieder in mein Buch.

Am nächsten Morgen fuhren Treenie und ich um neun Uhr zur hinteren Weide hinauf. O Schreck! Praktisch die ganze Herde stand ungeduldig am Gatter und wartete darauf, hinausgelassen zu werden. Ich glotzte die Kühe an und wich Treenies Blick aus. Sie können sich ihre nächste Bemerkung sicherlich vorstellen!

Aber das sollte kein Einzelfall bleiben. Im Laufe der nächsten Monate spürte Treenie wiederholt das Bedürfnis der Tiere, den Platz zu wechseln, unabhängig davon, wieviel Gras auf einer

Weide vorhanden war. Mir kam schließlich die Idee, daß wir sie mit Hilfe unserer Gedanken auch beeinflussen konnten, wenn Treenie imstande war, das Signal «Weiterziehen» von ihnen aufzufangen. Eines Abends verbanden wir uns gedanklich mit den Tieren, um eine Botschaft an sie auszusenden. *Morgen um neun Uhr werden wir euch in eine andere Koppel bringen.* Schmunzeln Sie jetzt ruhig, doch am nächsten Morgen um neun Uhr warteten die Tiere bereits alle darauf weiterzuziehen. Ich will damit nicht sagen, daß Kühe die genaue Uhrzeit erraten können, denn wir stellten später fest, daß die Tiere sich schon eine gute Weile vor dem festgesetzten Zeitpunkt zu sammeln beginnen, aber die Methode funktionierte durchweg, und zwar unter erstaunlicher Mißachtung der Gesetze von Vernunft und Logik.

Damals hatten wir ein Stück Land, das wir von der Forstbehörde gekauft hatten, abgeholzt und neu eingesät, um eine bessere Weide zu erhalten. Dieses Gebiet, auch unter dem Namen Carvilla bekannt, lag auf etwa sechshundert Metern Meereshöhe und bot in einer Richtung entlang der Nordküste einen herrlichen Ausblick auf den Ozean, während es auf der anderen Seite von hoch aufragenden, zerklüfteten Bergen begrenzt war. Abgesehen von dem Streifen, durch den Carvilla direkt an das Kerngebiet unserer Farm grenzte, war die Weide von uneingezäunten Wäldern völlig umgeben, die sich, so weit das Auge reichte, über Tausende Morgen wilder Natur erstreckten. Carvilla ragte wie ein langgezogener Sporn mit ebenso langen Grenzen in den Wald hinein. Natürlicherweise entwickelten auch die Wildtiere eine Vorliebe für das saftigere Grün und wurden davon in beträchtlicher Anzahl auf unser Land gelockt.

Trotz der organischen Entwicklung und Verbesserung des Bodens reagierte Carvilla nicht mit dem von mir erwarteten Wachstum. Allmählich wurde mir klar, daß das Wild einen beachtlichen Zoll von dieser neuen Weide forderte.

Nach ein paar nächtlichen Besuchen stellte ich zu meiner Bestürzung fest, daß sich dort Bennett's Wallabies (eine ziemlich große Känguruh-Art), Buschkänguruhs und Filander (kaninchengroße Känguruhs) in großer Zahl tummelten. Ich verbrachte also zwei Nächte pro Woche damit, meine Weide auf die einzige mir bekannte Weise zu verteidigen, indem ich die Tiere erlegte. Schon bald fand ich die Sache aber äußerst abscheulich, und anstatt weiterhin mit dem Gewehr gegen sie vorzugehen, setzte ich mich mit Leuten aus der Umgebung in Verbindung und machte ihnen den Vorschlag, die Tiere sozusagen als «Sportjäger» zu erlegen und das Fleisch zu verwerten, was gerne angenommen wurde. Das schien aber nicht viel Unterschied zu machen. Die Weide, auf der insgesamt nur dreißig Kühe mit ihren Kälbern grasten, warf wenig zusätzlichen Ertrag ab.

Ich kam zu dem Schluß, daß ich mich wohl selbst wieder beteiligen mußte, wenn sich das Gleichgewicht zu meinen Gunsten verschieben sollte. Also begann ich wieder mit dem Abschuß. Nachdem ich eines Nachts ein großes Känguruh mit dem Scheinwerfer ausgemacht hatte, sprang ich – Gewehr in der Hand – aus dem Wagen. Das Känguruh stand nur wenige Meter entfernt, als ich das Gewehr zum Schuß anlegte. Plötzlich wandte es mir den Kopf zu, wobei der Lichtstrahl direkt in seine Augen fiel. Der Blick aus seinen in rotglühende Kohlen verwandelten Augen begegnete dem meinen, und wie gebannt starrte ich in die Seele einer wilden, wunderbaren Natur. Ein paar endlose Minuten lang blickten wir einander in die Augen. Dann wandte sich das Tier langsam und ruhig ab und begann zu grasen.

Ich war wie erstarrt, bis ins Mark getroffen. Mitgefühl, was für einen von Mordgedanken durchdrungenen Farmer eher eine Seltenheit ist, stieg mit plötzlicher Heftigkeit in mir auf. Ich senkte das Gewehr, machte kehrt und ging zum Landrover zurück. Es mußte doch noch eine andere Lösung geben. Gewalt konnte nicht die richtige Antwort sein. Gewalt erzeugt wieder Gewalt. Ich wußte, daß ich mein Ziel nicht auf diese Weise erreichen konnte.

Zweimal hatte ich Gift ausgelegt, aber auch das war keine Lösung. Es ist eine Form schockierender Gewalt von besonderer Niedrigkeit, weil der Ausleger des Giftes nicht sieht, welchen Todeskampf er damit verursacht. Aufgrund der aktiven Beteiligung, die ein Gewehr erfordert, ist man zumindest gezwungen, Zeuge der eigenen Handlung zu werden, und die Ethik des Jägers verlangt einen sauberen Schuß.

Ich besprach das Problem mit Treenie, und wir gelangten gemeinsam zur einzig möglichen Lösung. Wenn es uns gelang, mit unserem Vieh zu «denken», sprich: kommunizieren, warum sollten wir dann nicht das Gleiche mit den Känguruhs versuchen?

Diese Entscheidung zu fällen, war eine Sache – sie durchzuführen jedoch eine andere. Wir beschlossen, daß ich aufgrund meiner momentanen Beteiligung die Dinge in die Hand nehmen sollte, nur – wie konnte ich etwas Derartiges in die Wege leiten? Eines Morgens fuhr ich zu den wilden Hügeln von Carvilla hinauf, hielt knapp vor einer Baumgruppe in der Mitte der Koppel an und bereitete mich auf meinen ersten Kommunikationsversuch vor, wobei ich noch ziemlich schüchtern war.

Ich bewahrte die erforderliche Übereinkunft klar in meinen Gedanken, aber der ganze Vorgang war so still und seltsam, daß ich meine Bitte doch laut auszusprechen begann. Obgleich es mir verrückt vorkam, fühlte ich mich dabei wohler. Nachdem ich mich für diese Aufgabe richtig erwärmt hatte, schrie ich meine Botschaft ziemlich lautstark an all die Känguruhs hinaus, die vielleicht zuhörten. Das klang in etwa so:

«Ich weiß nicht, ob ihr Känguruhs mich hören könnt, aber ich biete euch ein Abkommen an, das die Bedürfnisse beider Seiten deckt. Ich ersuche euch, unsere Weide nicht mehr abzugrasen. Als Gegenleistung werde ich dafür sorgen, daß niemand mehr auf euch schießt. Da ich aber auch begriffen habe, daß ich dieses Land mit euch teilen muß, gestatte ich euch, außerhalb der Umzäunung zu grasen. Bitte nehmt nicht mehr als etwa zwanzig Meter in Anspruch.»

Nach dieser Ankündigung hielt ich erwartungsvoll inne. Nichts! Nichts, abgesehen vom geistigen Echo meiner eigenen Worte. Ich war keineswegs überzeugt, daß irgend etwas geschehen würde, aber um meinen Teil des Abkommens einzuhalten, verschloß ich den Eingang zum Grundstück mit Gatter und Kette und teilte den Leuten mit, daß ich auf meinem Land keinerlei Abschüsse mehr wünschte. Sie sahen mich zwar an, als wäre ich verrückt, stimmten aber zu. Ich war froh, daß ich niemandem den Grund dafür nennen mußte!

Innerhalb weniger Wochen wurde das Gras so dick und saftig, daß ich weitere zehn Kühe mit ihren Kälbern auf diese Weide bringen konnte. Und es wurde immer besser. Bald grasten an die neunzig Kühe und Kälber auf Carvilla, während der weiße Klee in Hülle und Fülle gedieh. Drei Jahre lang konnten wir dieses schlichte Abkommen aufrechterhalten, und die Weiden blühten und gediehen weiterhin. Wenn das Gras kniehoch stand, war es oft kreuz und quer von Känguruhspuren durchzogen, aber beim Grasen beschränkten sie sich hauptsächlich auf Randzonen. Ich gebe zu, wer es auch gewesen sein mag, den sie zum Ausmessen der zwanzig Meter erkoren hatten, er machte Riesenschritte... oder Sätze! In manchen Zonen reichte die Weide bis direkt an den Waldrand, während sich die Känguruhs an anderen Stellen bis weit ins umzäunte Gebiet vorwagten. Ich schätzte, daß sie durchschnittlich bis zu vierzig Meter ins Feld hinein grasten.

Eines war jedoch offensichtlich: Es war möglich, den Wildtieren unsere Wünsche mitzuteilen und ein Abkommen zu schließen, das beiden Seiten zum Wohl gereicht. Wir hatten gelernt, ihr gottgegebenes Recht auf Leben anzuerkennen, und wir wußten, daß die Zusammenarbeit mit der Natur ein unbegrenztes Potential eröffnet.

Zu dieser Geschichte gibt es noch eine Fortsetzung. Als wir uns schließlich entschlossen, unsere Farm zu verkaufen, verkauften wir nicht alles Land gemeinsam. Als die neuen Inhaber auf Highfields einzogen, behielten wir die Eigentumsrechte für Carvilla noch auf zwei weitere Jahre, bevor wir auch dieses Land an den Abnehmer unserer Farm verkauften. Damals brachen die Sportschützen die Vorhängeschlösser auf, und der Abschuß der Känguruhs begann ohne unser Wissen von neuem. Als ich drei Jahre nach Verkauf unserer Farm wieder in dieses Gebiet kam, fragte mich der Besitzer, ob Carvilla jemals Weideland gewesen war. Ich starrte ihn erstaunt an.

«Als ich das letzte Mal durch Carvilla gegangen bin, stand der weiße Klee dort kniehoch», antwortete ich. Er blickte ziemlich ernst drein.

«Na schön, Partner, ich kann dir versichern, daß dort jetzt jedenfalls kein Gras wächst.»

Er erzählte mir dann, daß es auf dem Platz von Känguruhs nur so wimmelte. Innerhalb von zwei Jahren waren dort sechstausend Känguruhs erlegt worden! Ich war völlig niedergeschmettert. Mir war sofort klar, daß sich die Tiere nicht innerhalb so kurzer Zeit derartig vermehrt haben konnten. Angesichts der riesigen Wälder hatte ich angenommen, daß es in diesem Gebiet viele Känguruhs geben mußte, aber ich hatte nicht geahnt, daß es sich um solche Zahlen handelte, als wir unser Abkommen trafen. Erst in diesem Moment begriff ich, in welchem Ausmaß die Übereinkunft tatsächlich von ihnen eingehalten worden war.

Anscheinend waren die Känguruhs in dem Moment wieder in Scharen aufgetaucht, als man mit der Jagd auf sie neuerlich begonnen hatte, und obgleich sechstausend Tiere erlegt worden waren, machten sie das Weideland praktisch dem Erdboden gleich. Ich fühlte mich schuldig und war schockiert und wütend zugleich. Aber was konnte ich schon sagen? Ich hatte dem Mann nie von meinem Abkommen erzählt – wer würde denn so eine Geschichte glauben?

Wir hatten acht Jahre lang Milchwirtschaft betrieben, als dieser Zweig der Landwirtschaft in eine Absatzkrise rutschte. Das war also der richtige Moment, unser friesisches Milchvieh mit dem Friesländer/Hereford-Vieh zu kreuzen, das wir bereits einige Jahre gezüchtet hatten, um zur Fleischproduktion überzugehen.

Eines schönen Morgens begann ich mit dem langersehnten Abbau der mir so verhaßten Melkgehege. Es war mir eine Wonne, aber die Arbeit war viel härter, als ich angenommen hatte. Die Umzäunung bestand aus fest verschweißten Wasserrohren. Einen sieben Kilogramm schweren Vorschlaghammer schwingend, attackierte ich jede Schweißstelle mit der in acht Jahren aufgestauten Wut, und es dauerte nicht lange, bis an meinen ohnehin schwieligen Händen die ersten Blasen auftraten. Für jede Schweißstelle benötigte ich etwa zwanzig Schläge, unter denen die Umzäunung schwerfällig ächzend zusammenbrach. Ich war bereits auf halbem Wege völlig erschöpft. Als ich ruhig dasaß, um etwas zu verschnaufen, löste ein geradezu unglaublicher Gedanke einen inneren Umschwung in mir aus. *Wenn zwischen allem Lebendigen eine Verbindung besteht, so sind auch Tiere, Pflanzen und Mineralien miteinander verbunden. Nachdem ich in der Zusammenarbeit mit Pflanzen und Tieren ja bereits Erfahrungen gesammelt habe, könnte es sich mit den Metallen doch ähnlich verhalten ...?*

Schritt für Schritt gab ich mich dem inneren Frieden hin und spürte, wie in meinem Inneren eine feine Veränderung vor sich ging. Erfrischt stand ich auf und nahm den Hammer wieder in die Hand, zum nächsten Angriff bereit! Die Worte drangen mit subtiler Leichtigkeit in mein Bewußtsein ein.

Ändere deine Einstellung. Sieh im Metall etwas Lebendiges. Respektiere diese Stofflichkeit, diese Form des Lebens. Geh in Demut an diese Arbeit heran.

Es fügte sich eins ins andere. Ich fühlte mich bei diesem ungewöhnlichen Gedanken wohl, auch wenn mein Verständnis nur oberflächlich war. Ich schwang den Vorschlaghammer nur mit geringem Kraftaufwand, meine Aufmerksamkeit auf das Metall gerichtet, einmal – zweimal – und beim dritten Mal brach das eine Ende der Umzäunung bereits zusammen. Rasch ging ich zum anderen Ende und wiederholte den Vorgang. Zwei Stunden später hatte ich die gesamte Umzäunung abgebaut. Erst dann war ich verblüfft... und frustriert. Ich meine, wer würde mir denn so eine Geschichte abnehmen?

Wir kamen schließlich an einen Punkt, an dem unser Entschluß zum Verkauf der Farm feststand. Es gab verschiedene Gründe dafür. Mein Rückenleiden war chronisch geworden, und außerdem hatten wir den ständigen finanziellen Druck satt. Doch abgesehen von all den gewöhnlichen, weltlichen Begründungen gab es noch etwas anderes, das uns zuzuwinken schien. Ich konnte es zwar nicht genau benennen oder identifizieren, aber ich war mir einer weiteren Dimension innerhalb der Natur bewußt geworden. Eine Dimension, welche, sofern man sie erforschte, eine große Bereicherung für unser Leben zu werden versprach. Es war eine andere Wahrheit, von der wir uns berufen fühlten, denn wir waren nicht mehr dieselben Leute, die vor zehn Jahren als Farmer nach Australien gekommen waren.

Ich hatte mich in der Gesellschaft für organischen Ackerbau in Tasmanien sehr engagiert. Als Treenie und ich bei einer Wochenenddemonstration für die organische Bewirtschaftung der Felder als Helfer mitarbeiteten, wurde mir ein großer, bärtiger Amerikaner mit deutlichem Florida-Akzent vorgestellt.

Hunter Lilly, ein Mann Ende Zwanzig, spazierte in unser Leben herein, als wäre er ein lang verlorener, eigenwilliger Sohn. Es schien ganz selbstverständlich, daß er zu uns nach Hause kommen und Teil der Familie werden würde, bis wir Tasmanien verließen. Die Farm war verkauft, und wir verbrachten die letzten paar Wochen damit, auch das Vieh zu verkaufen, unsere Angelegenheiten in Ordnung zu bringen und uns von Freunden zu verabschieden. Es müssen viele Dinge beachtet werden, wenn eine sechsköpfige Familie beschließt, für längere Zeit auf Wanderschaft zu gehen. Die Situation war praktisch unter Kontrolle, als Hunter mir vorschlug, mit ihm gemeinsam eine Wanderung die Südküsten-Route entlang zu unternehmen. Der Name sagte mir nicht viel, aber als er mir die Strecke auf der Landkarte zeigte, wurde mir klar, daß es sich um eine Wanderung von etwa hundertsiebzig Kilometern handelte, wobei ein kleiner Teil durch abgelegene, isolierte Küstenstreifen im Süden führte.

Nach einigem Zweifel entschloß ich mich, ihn zu begleiten. Wir trafen unsere Vorbereitungen, und Treenie brachte uns in einer sechsstündigen Fahrt nach Cockles Creek, südlich von Hobart. Als sie wieder weggefahren war und wir uns der Wildnis stellen mußten, kamen meine bösen Ahnungen wieder zum Vorschein. In der Nacht vor unserer Abreise hatte ich sehr intensiv geträumt. Ich träumte, daß ich gestorben war. Der Traum machte mir zwar keine Angst, aber das Erlebnis war ungewöhnlich stark. Ich stand mit einem Engel in einem Tal, das einer Kathedrale glich, umgeben von Menschen, die mir nahestanden und die ich liebte. Ich war überwältigt. Diese Leute waren mir vertraut, doch ich kannte sie nicht! Aber ich wußte ganz eindeutig, daß ich tot war. Jedenfalls war ich erst eine Stunde unterwegs, als schon die ersten Blasen an der Ferse auftauchten und sich der dreißig Kilogramm schwere, schlecht sitzende Rucksack bemerkbar machte. Ich fragte mich daraufhin, ob ich wohl auf dieser

Wanderung sterben würde, so tief hatte mich dieser Traum beeindruckt.

Am Ende des ersten Tages (der insgesamt zehntägigen Wanderung) hatten sich an beiden Fersen Blasen gebildet. Ich hatte erst zu spät herausgefunden, daß größere Buschwanderungen in dieser Art Wildnis, aus der so mancher Unglückliche nicht mehr zurückgekehrt war, einer richtigen und gründlichen Vorbereitung bedürfen.

Wir gingen – oder besser gesagt, Hunter ging und ich humpelte – Tag für Tag durch eines der schönsten und unwirtlichsten Gebiete, die es auf dieser Welt überhaupt gibt. Nach acht Tagen voller Abenteuer und Gefahren, nach einigen düsteren und einigen himmelhoch jauchzenden Momenten beschlossen wir, in einer Buschläuferhütte in Melaleuca (einer abgelegenen, einsamen Niederlassung einer Zinnmine, wo es meilenweit im Umkreis keine Menschenseele gibt) eine dreitägige Rast einzulegen. Dort versuchte ich, meine wundgescheuerten Fersen wieder abheilen zu lassen. Die Blasen hatten sich schon längst in Löcher verwandelt, die sich ins Fleisch eingegraben hatten und bei jedem Schritt bluteten.

Es war jedoch ein vergeblicher Versuch. Als wir uns für die letzten zwei Tagesmärsche auf den Weg machten, dauerte es nur eine Stunde, bis die Wunden wieder aufgebrochen waren. Den Weg bis zu unserem Ziel, Lake Peddar, nahm ich nur mehr durch einen Schleier aus Schmerz hindurch wahr. Der Schmerz der gepeinigten Schultern traf auf das Stechen, das von den wundgescheuerten Fersen emporschoß, und verschmolz mit ihm.

Am letzten Morgen brachen wir bereits um sieben Uhr auf, fest entschlossen, daß dies der letzte Tag unserer Wanderung sein sollte. Es war so gegen vier Uhr nachmittags, und der Schritt, den wir einschlugen, war bereits ein automatischer Vorgang geworden. Wir waren schon längst überfällig, und ich wußte, daß sich Treenie ernstliche Sorgen machen würde. Wir hatten an diesem Tag bereits neun Stunden harten Marschierens hinter uns, und um vier Uhr war ich in einem Zustand derartiger Erschöpfung, daß meine in Blut aufgeweichten Füße keine Rolle mehr zu spielen schienen. Ich war zum automatischen Gehwerkzeug geworden, das sich in einem Nebel aus Schmerz verlor. Die extremen Wetterbedingungen machten uns sehr zu schaffen – vor allem der Wind, der über die südlichen Landmassen der Region dahinbrauste, die nicht mehr allzu weit von der Antarktis entfernt liegen. Eingehüllt in meinen Schmerz war ich von jeglicher äußeren Realität völlig abgeschnitten. Meine Umgebung hatte sich auf den Schmerz reduziert – gehen – Schmerz – gehen – das Durchhalten durchhalten. Noch mindestens drei Stunden lagen vor uns, und jetzt standen wir nicht nur im Wettlauf mit der Zeit, sondern auch mit einem riesigen Unwetter, das sich im Lauf des Tages zusammengebraut hatte. Immer wieder sagte ich mir, daß ich nach den nächsten fünfzig Schritten zusammenbrechen würde – und noch fünfzig Schritte – Schmerz und gehen. Ich war geistig völlig stumpf, und mein Körper war wie betäubt, als ich dachte: «Mein Gott, ich kann nicht mehr weiter. Was soll ich denn nur tun?» Die Erschöpfung hatte zweifellos all meine Widerstände gebrochen, denn ein Strom von Worten war ganz intensiv in meinem Bewußtsein spürbar.

Warum hast du dir eine solch schwierige Gehweise ausgesucht, allein und abgetrennt von der Fülle an Energie, die dich umgibt? Die Pflanzen um dich herum strotzen vor Kraft, das gesamte Leben ist Energie. Es gehört dir, wenn du dir nur bewußt machen kannst, daß du nicht getrennt davon existierst; du bist ein Teil des Ganzen. Sei offen und liebevoll! Werde All-in-Eins, Eins-in-Allem.

Erschöpfung bricht Widerstände. Ich weiß nicht, wie es geschah, aber in einem einzigen Aufflammen innerer Erkenntnis kam *Wissen,* und mit dem *Wissen* kam Energie. Innerhalb von

Sekunden wurde ich zum Kraftwerk – vital, lebendig und wach – während der Schmerz zu einem Hintergrundgeräusch zusammenschrumpfte, das für den umfassenden Vorgang des Lebens bedeutungslos war. Ich wurde *eins* mit der Umgebung. Plötzlich fühlte ich mich auf eine Weise lebendig, wie ich es nie zuvor erlebt hatte. Ich verband mich mit jedem Zweig, jedem Blatt, jedem Grashalm, mit der lebendigen Erde und der schwächer werdenden Sonne, die hinter Regenwolken verschwand. All das wurde Teil meiner selbst, und ich wurde wiederum ein Teil des Ganzen. Hunter, der vorausgegangen war, konnte seine Beine auch kaum mehr heben, und als ich ihn so vor sich hin stolpern sah, empfand ich eine so innige Liebe für ihn – für all das, was er als Mensch darstellte – daß mein *Wissen* auch ihn umfaßte. Ich rief ihm zu: «Hunter, laß dich von der Macht der Liebe umarmen. Liebe, Hunter! Liebe alles, was dich umgibt.» Er war ebenso wie ich viel zu erschöpft, um meine Zurechnungsfähigkeit in Frage zu stellen oder meinen Worten Widerstand zu leisten, und die gleiche Energie, die in mich eingeflossen war, ergriff nun auch von ihm Besitz, und unser Tempo steigerte sich im Weitergehen um das Zwei-, ja sogar Dreifache. Zwei Stunden später, als wir im einzigen weiteren Unterschlupf der gesamten Wanderung saßen und der Sturm draußen tobte, warf mir Hunter einen Blick zu, hielt kurz inne und fragte dann in ehrfürchtigem Tonfall: «Mensch, was ist da draußen mit uns passiert?»

Was war es wirklich?

Es war, als hätte der unglaubliche Höhepunkt dieser Wanderung eine ganze Reihe von Kontakterlebnissen mit der Natur beleuchtet, die bis in meine Kindheit zurückreichten. Mit diesem letzten Ereignis, noch frisch in Erinnerung, verschmolzen all die vorherigen Erlebnisse *in Eines,* das an der Schwelle zu einer anderen, unbekannten Dimension stand und zur Reise in Bewußtseinszustände aufforderte, die einem Mut abverlangten ... und Hingabe. Ich mußte die Angst hingeben, die Angst vor dem Unbekannten. Denn, seltsamerweise, je tiefer diese Reise ins Innere führte, um so stärker wurde da auch eine mysteriöse, unerklärliche Angst. Eines Nachts hatte ich einen Traum von solcher Klarheit und Tiefe, so voller Farbe und Gefühl, daß er mir ewig in Erinnerung bleiben wird. In diesem Traum war es spät abends in einer schwülen Nacht. Der Mond stand hoch am Himmel und schien auf den Strand, an dem ich mich befand, während jede sanfte Welle Millionen tanzender Sterne widerspiegelte. Der Sand war weiß. Er reflektierte den Perlenschimmer des Mondes, der sich dadurch noch verstärkte. Das Meer murmelte leise, während es den Strand mit seinen Wellen liebkoste. Ich stand allein da, den Kopf zurückgelegt, und schaute auf die Sterne. Es verwunderte mich nicht, als eine Sternschnuppe ihre Bahn am Himmel zog und beinahe am Strand zu landen schien, bevor sie verlosch. Einige Minuten vergingen, und nachdem ich einmal tief und befriedigt aufgeatmet hatte, ließ ich das Meer hinter mir und machte mich auf den Weg zu einer Hütte, die in der Ferne sichtbar war – mein Zuhause.

Erst dann bemerkte ich, daß aus der Richtung, wo die Sternschnuppe niedergegangen war, eine Gestalt auf mich zukam. Irgendwie wußte ich, daß diese Person nach mir suchte, also blieb ich stehen und wartete still. Als die Gestalt näher kam, erkannte ich einen Mann, dessen Gesicht noch im Dunkeln lag. Er war nur wenige Meter von mir entfernt, als das Mondlicht auf sein Gesicht fiel und seine Züge beleuchtete.

Ich starrte mir selbst ins Gesicht! Ich war wie betäubt und vom Schock gelähmt. In einem schwachen Versuch, dieses andere Ich von mir fernzuhalten, konnte ich nur die Arme heben, aber es/ich ging mit einem Lächeln direkt durch mich hindurch, und wir verschmolzen.

Alles veränderte sich in diesem Moment! Mein früheres Erleben der gesamten Welt existierte nicht mehr – eine neue Wirklichkeit entstand. Jedes Sandkorn am Strand war mir zutiefst vertraut. Jedes Sandkorn war so individuell wie Sie und ich. Es hatte seine eigene Identität und seinen Ton. Ich horchte auf einen himmlischen Klang, der nahezu unbeschreiblich war. Man mag es kosmischen Gesang, Sphärenmusik oder das Lied des Universums nennen – nichts davon kann diesen Klang von so unermeßlicher Reichhaltigkeit beschreiben. Es waren Klänge, die ich nicht nur hören, sondern auch sehen und fühlen konnte. Ich selbst wurde zum Klang, denn nur dadurch war es möglich, ihn zu erfahren. Jedes Molekül im Ozean war mir «vertraut». Man kann es mit keinem anderen Wort ausdrücken – ich *wußte*. Ich *wußte* um jeden Stern am Himmel.

Viel näher noch als einem geliebten Menschen im gewöhnlichen Leben stand ich dem Universum in diesem Augenblick – so nah wie das Leben selbst. Ich war ganz, vollständig und vibrierte als das Alles im All – das Eine in Allem – das Alles im Einen. Ich sah Farben, die man weder benennen noch deuten kann, um mich herumwirbeln und miteinander verschmelzen. Farbe und Ton, das Gesehene und das Gehörte wurden *eins* in mir.

Ich weiß nicht, wie lange all das dauerte, aber es gab einen Augenblick, in dem dieses andere Ich aus mir heraustrat und langsam wegging. Die Wirkung war niederschmetternd. Wenn ich sage, daß ich mich so fühlte, als hätte man mich in das dichteste, schwärzeste Loch geworfen, das je existiert hat, blind, taub, stumm und bis zur Besinnungslosigkeit mit Medikamenten vollgepumpt, so ist das keine Übertreibung. Verzweifelt rief ich dem Ich, das mich verließ, nach: «Bitte ... hilf mir ... laß mich nicht so zurück.»

Die Gestalt wandte sich mit mitleidsvollem Gesicht zu mir um, kam auf mich zu und umarmte mich. Alles war wieder wie gewohnt, meine normale Welt kehrte zurück ... und ich wachte auf.

Erschrocken und verzweifelt lag ich eine Weile da. Es war vorüber, aber ich hatte nicht wirklich geschlafen. Ich wußte, daß ich einen Höhepunkt der Realität erlebt hatte. Es war kein

Traum, aus dem ich erwacht war, sondern ich fiel wieder in Schlaf, nachdem ich einen Zustand erhöhten Gewahrseins erlebt hatte.

Die stumpfe Verwirrtheit meiner normalen Sinne schien einer so engen Beziehung zur Natur zu spotten. Doch ich konnte die Erfahrung nicht einfach abtun, indem ich mir sagte: «Es war nur ein Traum.» In meinem Herzen war das Bewußtsein zurückgeblieben, daß ich an der Bewegung des Lebens auf eine Weise teilgenommen hatte, die der gewöhnlichen physischen Realität verwehrt ist. Ich war von tiefer Dankbarkeit erfüllt, doch das Gefühl des Verlustes überwältigte mich beinahe. Das Lied war nicht mehr. Es war kein Lied aus einer physischen Welt, sondern aus dem Reich des Geistes. Es war der Gesang des Lebens und der Verheißung.

Die kleine Flamme, die sich während meiner Einsamkeit in meinen Jugendjahren in mir entzündet hatte, erneuerte sich und lebte wieder auf. Zum selben Zeitpunkt wurde aber auch eine vage Angst angefacht, die im Verborgenen durch meine Gedanken geisterte und mich mit alten Erinnerungen quälte. Ich war überzeugt davon, daß dieser Traum eine Wirklichkeit war, die ich bewußt erleben wollte. Gleichzeitig damit trat auch meine Angst, die auf jede nur erdenkliche Weise meine Überzeugung unterminierte, in mein Leben. Diese Angst war so mächtig wie eine tödliche Bedrohung. Ich konnte sie zwar nicht verstehen, aber es war eine Energie, die mich jahrelang mit Selbstzweifeln und Kopfzerbrechen quälen sollte.

Eines Tages waren mein Freund und ich frühmorgens in seinem ziemlich klapprigen Kastenwagen mit guten hundertzwanzig Stundenkilometern unterwegs, als vor uns ein Känguruh-Großvater seine Herde über die Straße führte und mit scheinbar mühelosen Sprüngen im Gebüsch verschwand. Ein rehfarbenes Weibchen blieb nach einigen Sprüngen in der für Känguruhs so charakteristischen Haltung stehen und sah uns an. Das Licht der frühen Morgensonne, das ihr Fell in schimmerndes Gold verwandelte, verlieh ihr etwas Ätherisches. Sie war in diesem Moment des Innehaltens von so vollkommener Schönheit, daß ich mir in einer aufwallenden Gefühlsregung unweigerlich die Frage stellte: «Warum? Warum vernichtet der Mensch so viel Schönheit für so wenig Gewinn?» Es war ein Moment der Verzauberung. Als ich den Kopf zur Seite neigte, um das Känguruhweibchen besser zu sehen, verschwand der Sonnenstrahl, und sie erschien mir wieder irdisch. Ich befand mich immer noch in dieser erstarrten Realität und hörte, wie in der Stille des Geistes sich ein Gedanke meldete.

Unser Leid besteht im Siechtum der Menschen. Es wird erst dann enden, wenn der Mensch sich selbst heilt. Er ist krank, denn er weiß weder um sich selbst noch um die Rolle, die er im Leben spielt. Der Mensch steht für sich allein – und ist von Angst erfüllt.

Die Stimmen der Natur, die langsam in mein Wachbewußtsein eingedrungen waren, vertieften und verstärkten sich, und mit ihnen wuchs diese tiefe unterbewußte und irrationale Furcht. Die Natur begann, aus Bäumen, Steinen, dem Meer und dem Fluß, ja vor allem aus dem Fluß zu mir zu sprechen. Der Traum hatte ganze Gedankenketten in mir ausgelöst, die viel tiefer und profunder als meine eigenen waren und mit immenser Kraft und Klarheit – und paradoxerweise zugleich mit sanfter Feinheit – in mein Bewußtsein eindrangen.

Einerseits war mir dieser Impuls willkommen, andererseits wand ich mich dabei vor Angst. Meiner Logik zufolge war ich im Begriff, verrückt zu werden, während mir die Intuition sagte, daß genau das die vollkommene Gesundheit darstellte. Ich war dem mächtigen Zugriff zweier gegensätzlicher Aspekte meiner selbst ausgesetzt, und keine der beiden Seiten wollte nachgeben.

Im Jahr 1982 nahm ich als Vortragender an der One Earth Conference in Australien teil, wo Treenie und ich Linda Tellington-Jones begegneten. Als sie uns nach Beendigung der Konferenz besuchte, stellte sich heraus, daß sie in meinem Leben eine auslösende Rolle spielen würde. Unsere Gespräche drehten sich um die unglaublichsten Dinge – UFOS, Besucher aus dem Weltraum, die Natur, sprechende Bäume und innere Führung. Was immer man aufzählte, Linda konnte es mit der ihr eigenen Unterscheidungsgabe einordnen.

Auf ihre Anregung hin war ich bereit, Träume, Erfahrungen und ungewöhnliche Erlebnisse, die ich jahrelang für mich behalten hatte, mit anderen zu teilen. Es war eine unglaubliche Erleichterung für mich, nur von den Stimmen der Natur zu erzählen, die fortwährend meine Aufmerksamkeit auf sich lenkten, und festzustellen, daß mich ein fremder Mensch voll und ganz dafür akzeptierte. Linda war der ideale Auslöser. Sie führte eine jähe Veränderung herbei, die drei Tage nach ihrer Abreise in einem unglaublichen Ereignis gipfelte. Es begann nach einem weiteren ungewöhnlichen Traum. Ich hatte wochenlang immer wieder denselben Traum geträumt. Seine Symbolik war kraftvoll, aber jedesmal, wenn ich aufwachte, war mir der Traum entglitten und, ohne eine Spur oder Erinnerung zu hinterlassen, in meinem Gedächtnis gelöscht. Das Einzige, was mir blieb, war ein Gefühl der Verzweiflung.

In der dritten Nacht nach Lindas Abreise träumte ich diesen Traum neuerlich, aber beim Aufwachen erinnerte ich mich klar und in allen Details an ihn. Als ich ganz aufgewühlt wachlag und mir der Traum nicht aus dem Kopf gehen wollte, wurde mir allmählich eine Präsenz in unserem Schlafzimmer bewußt. Treenie schlief, sie atmete sanft und leicht, während im Raum um mich herum eine immer stärker werdende Schwingung spürbar wurde. Als ich in die Dunkelheit blickte, konnte ich keinerlei Form ausmachen, aber die Präsenz war äußerst intensiv und kraftvoll, geradezu elektrisierend. Ein Gefühl von Vertrauen und Ruhe überkam mich, das all meine Ängste zum Schweigen brachte. Nachdem sich mein prüfender Verstand beruhigt hatte, formte ich in meinen Gedanken eine Frage: «Wer oder was bist du?» Sofort darauf flossen folgende Worte in mich ein:

Wenn es für dich von Bedeutung ist, mich zu benennen, dann erkenne in mir den Geist der Veränderung. Du bist dir jetzt bewußt, diesen Traum viele Male geträumt zu haben, doch du hast seine Bedeutung nie behalten oder verstanden.

Ich lag entspannt und ruhig da und nahm das Erlebnis einfach an. Ein plötzliches Begreifen meines immer wiederkehrenden Traumes prägte sich in mein Bewußtsein ein. Ich verstand mit absoluter Klarheit. Die Stimme aus der Stille fuhr fort:

Vor langer Zeit, um genau zu sein, vor sechs Leben, warst du ein Pflanzenkundiger, ein Botaniker. Im Hinblick auf die physischen Aspekte dieser Arbeit warst du nur mäßig begabt, aber deine Fähigkeit, mit dem Pflanzenreich in Verbindung zu treten, war einzigartig. Die Zeit verging, und deine Studien vertieften sich, bis du an einem Punkt angelangt warst, an dem du eine spirituelle Verbundenheit zu deinen Studienobjekten, den Pflanzen, hergestellt hattest. Bilder und Ideen flossen in deinen Geist ein, die dich in noch unerforschte Bereiche des Denkens versetzten. Später, als sich deine Liebe zur Natur und dein Vertrauen in sie vertieft hatten, wurde allmählich ein Strom von Worten in deinem Bewußtsein hörbar. Dadurch zeigte sich, daß es sich um eine Intelligenz handelte, die über das Pflanzenreich kommunizieren konnte. Deine Aufzeichnungen darüber waren sehr ausführlich, und du erzähltest deinen Freunden zum ersten Mal davon. Anfangs war dein Vorgehen eher vorsichtig, aber ihre Bewunderung ermutigte dich, auch zu anderen darüber zu sprechen, und schließlich konnten es alle erfahren, die davon hören wollten. Das führte deinen Untergang herbei, denn manche deiner Zuhörer betrachteten deine Worte als gotteslä-

sterlich. Bald gab man dich der Lächerlichkeit preis, und als sich die Meinungen gegen dich gewandt hatten, verfolgte man dich, du wurdest gefangengenommen und mußtest schließlich unter der Folter sterben.

Es ist unwichtig, welchen Namen du damals getragen hast; er starb mit dir, und deine Aufzeichnungen wurden verbrannt. Bevor du starbst, führte der Schmerz der Folter jedoch eine Veränderung in dir herbei, und du gabst einem göttlichen Geschenk die Schuld für deine Qualen. Deshalb bildete sich in deinem Unterbewußtsein eine Blokkade, die während der folgenden vier Inkarnationen unerkannt aufrechterhalten blieb und nie angefochten wurde. In diesem Leben hast du jedoch die Entscheidung getroffen, diese Blockade zu entfernen und die Wiederherstellung und Entfaltung in der Vereinigung mit der Natur von neuem zu ermöglichen. Jetzt ist dir bewußt, warum du dich an den immer wiederkehrenden Traum nicht erinnern konntest, den dein Seelen-Selbst in der Hoffnung, deine Erinnerung wachzurütteln, vorausprojizierte. Die unbewußten Blockaden waren zu stark, die Angst zu groß. Diese Angst war auch der Antrieb für deine Skepsis, die dich – aus Angst vor weiteren Qualen und nie endender Agonie – über alle Maßen zweifeln ließ.

Jetzt bist du bereit, die Wahrheit zu erfahren. In deinem Traum vor sechs Jahren warst du vom Klang eines freudvollen Universums erfüllt, das sich vor deinen Augen entfaltete. Du hast dabei eine göttliche Wahrheit erfahren. Jenseits der fünf Sinne des Menschen, verhüllt und verborgen, winkt als ewige Herausforderung an den menschlichen Geist die Wahrheit. Du brauchst jetzt weder Verfolgung noch Schmerz zu fürchten. Die Menschheit tritt in eine Übergangsphase ein, und jenen, die nach Wissen *streben, soll eine Chance geboten werden. Gleichgültig, wie bescheiden die Gabe ist, sie muß auf den Altar der Wahrheit gelegt werden. In dem Maße, wie du die Verbindung vertiefst, wird dir all das offenbart, was du benötigst, und es kann nur durch deine eigenen Bemühungen geschehen.*

Die Präsenz war nicht mehr fühlbar, sie verschwand augenblicklich, doch eine Energie verweilte weiterhin im Raum, während ich in Ehrfurcht vor dem Unsichtbaren verharrte, das mit unbekannten Kräften ausgestattet war. Zum ersten Mal verstand ich, warum ich solche Angst gehabt hatte. Dieses Gefühl der Bedrohung hatte einen realen Hintergrund. Ich war einst aus diesem Grund gestorben, aber nicht aufgrund meiner Kommunikation mit der inneren Wirklichkeit der Natur, sondern weil ich in einer Zeit gelebt hatte, in der diese Dinge als Hexerei galten und mit dem Tod bestraft wurden.

Das Wesen hatte auf meinen früheren Traum hingewiesen: Der Traum war, wie ich vermutet hatte, eine Realität. Als ich so wachlag, wurde mir bewußt, daß ich meine Angst nur durch Tatkraft auflösen und meinen Zweifeln dadurch ein Ende setzen konnte. Auch in diesem Fall bedeutete das Verstehen einer Ursache noch nicht, daß sich ihre Auswirkungen sofort veränderten. Ich würde der Angst begegnen, indem ich meine Verbindung zur inneren Natur vertiefte.

Ich hatte mich einige Zeit lang abgemüht, weil ich nicht wußte, auf welche Weise ich meine Gespräche mit der Natur darstellen sollte. Aber dann, an dem besagten Tag, war ich Treenies Vorschlag gefolgt und ging an den Fluß, der an unserem Haus vorbeifließt. Ich hatte um Hilfe gebeten, und sie war mir gewährt worden.

Am Tag nach meinem Besuch am Fluß brachte ich unseren Müll zur örtlichen Deponie, wo Tonnen von Abfall aus unserer Wegwerf-Welt lagern. Nachdem ich den Müll abgeladen hatte, machte ich einen Streifzug durch den umliegenden Busch – die Vegetation hier war völlig anders als die um unser Haus. Riesige Eukalyptusbäume zogen alle Feuchtigkeit aus dem Boden, der von einer säurehaltigen Laubschicht bedeckt war und nur spärlichen Unterwuchs duldete. Ich ging langsam in das Buschland hinaus. Es war ein trüber Tag, und der kleine Vogelschwarm, der eilig lärmend vor mir herzog, hinterließ für einen Augenblick einen Farb-Klang-Tupfen am bedeckten Himmel. Ich folgte ihm mit dem Gedanken:

«Hallo, ihr glücklichen Vögel! Ich freue mich über die Unbeschwertheit eures Fluges.»

Innerhalb weniger Augenblicke waren sie verschwunden, aber das intensive Gewahrsein unzähliger Vögel, die die Luft erfüllten, blieb erhalten.

Wir grüßen dich. Wir erfreuen uns an deiner Freiheit. Und wir freuen uns über deine Flugbahn. Jedoch bedenke, jede Freiheit hat ihren Preis. Nur die Hurtigen sind imstande, sich hoch in die Lüfte zu erheben und pfeilschnell dahinzuschießen. Aber sie können nicht mehr mit den Sperlingen spielen. Das sorglos taumelnde Spiel des Sperlings ist verloren.

Das gilt auch für dich. Es ist deine Herausforderung. Wenn du mit dem Adler hoch in die Lüfte steigst und deine Sicht erweiterst, wirst du die Gesellschaft jener verlieren, die sich in niedrigeren Regionen bewegen. Das gilt es zu erkennen und verständnisvoll geschehen zu lassen. Jedes Gedankenmuster, das die Freiheit des Raumes nicht kennt, wird zur Last werden. Und es wird manche geben, die sogar höher fliegen als du. Achte auf deine eigene Flugbahn und laß dich immer vom frischen Wind der Veränderung tragen.

Trotz der dicken Wolkendecke hellte sich der Himmel auf, während ich auf diese liebevollen Worte horchte. Die Vogel-Energie verwehte allmählich, während eine Brise durch das Laubwerk einer Akazie strich, auf die ich im Weitergehen stieß.

Die Akazien standen in voller Blüte. Es schien, als wäre die Sonne selbst auf die Erde herabgestiegen, um in den tiefgoldenen Blüten zu wohnen, die die kleinen Bäume ganz in Licht und Schönheit hüllten. Ein sanfter Windhauch trug ihren schweren Duft zu mir her, und während ich den Geruch einatmete, war ich von Dankbarkeit und Liebe erfüllt.

«Wie schön ihr doch seid, meine Freunde, und doch wäre ich beinahe an euch vorbeigegangen, ohne von euch Notiz zu nehmen, wenn nicht diese Vögel meine Aufmerksamkeit erregt hätten, so sehr war ich in meine Alltagsgedanken versunken. Es scheint, als ob ich dieses Land und euch, ihr erhabenen Bäume, schon viel, viel länger kenne als nur diese eine Lebensspanne lang.»

Wir grüßen dich, Freund aus der Menschenwelt. Schon lange ist uns deine Energie vertraut. Und groß ist unsere Freude, da wir jetzt miterleben dürfen, wie der frische Wind der Veränderung dein Wesen erfaßt.

Sogar die Farben in deinem Inneren wandeln sich, sowie die Lichtmuster deines inneren Wesens nach einem neuen Lebensrhythmus tanzen. Eines wird dich von nun an jeden Tag begleiten: Du sollst allen Formen der Natur, vom kleinsten Moos bis zum größten Baum, Anerkennung zollen, sie grüßen und auf sie hören. Sie alle haben Teil an deinem Leben, sie alle tanzen nach demselben Rhythmus und vereinen ihre Klänge im Lied des Universums. Wir freuen uns mit dir, Bruder, denn bald wird sich dieses Lied mit den Farben und Mustern des deinen verweben, und die Tore zu einer neuen, viel tieferen Gemeinsamkeit werden sich auftun.

Als ich so meines Weges ging, begriff ich, daß uns nicht nur die Sonne einen strahlend schönen Tag bescheren kann. Warum verwehren wir uns einer inneren Sonne, die durch die stille Botschaft der Natur hindurchschimmert?

Nach diesen auslösenden Ereignissen wurden meine Zwiegespräche mit der Natur zum täglichen Abenteuer, und ich verbrachte viele Stunden damit, am Fluß zu sitzen und die Erlebnisse und Worte, die sich aus der Entfaltung jedes Augenblicks ergaben, in mein Tagebuch einzutragen. Es gab einen bestimmten Abschnitt am Fluß, für den ich ein erstaunliches Einfühlungsvermögen entwickelt hatte. Nur etwa hundert Meter flußabwärts wandelte sich das Wesen des Flusses bereits und ließ keine so innige Beziehung zu. Aufgrund meiner Unerfahrenheit in diesen Dingen benötigte ich natürlich jede nur erdenkliche Hilfe, und eines Tages, so um die Mittagszeit, bewegten sich meine Schritte den nunmehr vertrauten Weg entlang. Die Sonnenstrahlen, die durch das Laubwerk der Bäume fielen, tanzten in bunten Mustern auf meinen Schultern.

Als ich das steile Flußufer hinabkletterte, spürte ich dort eine ungeheure Kraft, die mich erwartete. Einen Augenblick lang stieg wieder die altvertraute Angst, dieses Gefühl der Unzulänglichkeit, in mir hoch, doch dann verschwand es und verlor sich in der aufsteigenden Woge von Bewußtsein, die alles Leben um mich her erfüllte. Noch bevor ich an meinem Lieblingsfelsen angelangt war, gingen mir die Worte klar und mit unwiderstehlicher Kraft durch den Kopf.

Wenn du auf dem Felsen am Flußufer sitzt, mach dir all das Leben um dich herum bewußt. Der Eisvogel, der wie ein bunter Farbklecks in der Morgensonne leuchtet. Fische, die im klaren, sauberen Wasser springen. Die Sonne, die deine Schultern wärmt. Der Wasserdrache, der auf einem fauligen Baumstumpf lauert, Mißtrauen in den Augen. Die Mikroben, die im verfaulenden Holz wuchern.

Spüre all die Lebensformen, die über deine eigene hinausreichen. Die Blätter bersten beinahe unter der verborgenen Kraft des Frühlings. Das Leben selbst macht sich in allen Geschöpfen in deiner Umgebung bemerkbar. Leben im Leben. Leben auf Leben.

Du horchst auf das stille Lied meiner Stimme.

Ich habe vom Anfang aller Zeiten an zu den Menschen gesprochen.

In einer Kaskade von Tönen rufe ich euch aus jedem Wasserfall zu. In allen Gewässern der Erde umarme ich die Körper der Menschen und spreche mit leiser Stimme zu ihnen.

Ich rufe euch auf vielerlei Weise zu, aber nur selten wird mir Gehör geschenkt. Es ist nicht das Ohr, das mich hören kann, sondern euer Herz, euer Bewußtsein. Nur allzu leicht verliert ihr euch in den Irrwegen eurer Dimension. Euer Verstand ist ständig mit Vergleichen beschäftigt. Licht vergleicht sich mit Schatten und Stark mit Schwach. Es ist immer die Polarität der Gegensätze, welche die Identität eurer Erfahrung sichtbar werden läßt.

Ich habe kein Gegenstück. Du kannst nicht auf meine innere Stimme hören, um dann einen Vergleich zu ziehen. Es ist dir nicht möglich, meine innere Welt zu schauen und darin den Trost der Gegensätze zu suchen. Deine Realität muß sich ausdehnen. Es gilt, deine Grenzen zurückzudrängen. Die Dimension der Gegensätze ist lediglich eine Facette der Gesamtrealität.

Die fünf Sinne des Menschen ermöglichen ihm, sich frei auszudrükken, und zugleich stellen sie die Mauern seines Gefängnisses dar. Doch es muß nicht so sein. Der Mensch hat schöpferische Fähigkeiten. Schöpfung ist eine Ausdrucksform der Vorstellungskraft. Innerhalb dieser kontrollierten, kreativen Struktur könnt ihr die Tore zu den Reichen der Natur auftun, wo ihr mir begegnen werdet.

Ihr braucht das Tor nur zu öffnen, und ich werde da sein. Es sind leider nur wenige, die diesen Schritt wagen. Da gibt es jene, die die bekannten Grenzen überschreiten, aber ihr wißt nichts von ihnen. Meist verhüllen sie ihre Weisheit durch Schweigen. Sie trinken den Nektar der feinstofflichen Bereiche, doch sie trinken ihn traurig. Menschen wie diese möchten den Nektar ihres Lebens mit anderen teilen, aber man hat sie lange zurückgewiesen. Diese Zeit hat nun ein Ende. Wieder einmal steht die Menschheit an der Schwelle zum geheimen Königreich der Natur – zum Reich eures eigenen Wesens. Es ist ein Geheimnis, das offen vor allen Menschen liegt, doch es verbirgt sich hinter dem Schleier der Liebe, der Weisheit und der Integrität.

Der Wortfluß endete, aber ich fühlte immer noch die Anwesenheit einer ungeheuren Kraft. Ich blieb eine Weile sitzen und blickte in die sich kräuselnden Wellen. Mir fehlten die Worte, ich hatte nichts zu erwidern. Ich verspürte nur diese Ehrfurcht vor dem Unsichtbaren, dem Unbekannten, der Unermeßlichkeit des Lebens, das sich um mich drehte und bewegte.

In dem Moment inniger Verbundenheit mit der Natur schienen sich die Regungen allen Lebens noch zu verstärken, und am nächsten Vormittag kehrte ich zum Fluß zurück, um – noch etwas zögernd – festzustellen, ob man bereits schwimmen gehen konnte. Das Wasser war kalt, aber angenehm. Als ich wieder aus dem Fluß kletterte, rann es in kleinen Bächen an meinem Körper herunter. Ich saß auf meinem Felsen und fühlte, daß er mich bereits erwartet hatte.

Der Himmel war blau und der Tag warm. Nur eine leichte Brise machte sich bemerkbar. Fluß und Windhauch schienen an der Wasseroberfläche zu verschmelzen, und ich verspürte eine feine Spannung in mir, gefesselt vom inneren Schimmern des Lichts, das über den Fluß tanzte.

Aus irgendeinem Grund erschien es mir, als hätte man mich hierher befohlen, und ich verharrte in gespannter Erwartung. Ich sprach mit dem Fluß: «Danke. Es war ein Genuß, in deinen Wassern zu schwimmen. Eines liebe ich an der Natur ganz besonders – kühle, klare Flüsse.»

Schön, daß du das Wasser so genießen kannst. Wir grüßen dich, wir – der Fluß und der Windhauch.

Ist es nicht der Windhauch, der sich im Strom des Wassers bewegt? Ist es nicht die Feuchtigkeit, die als Brise durch die Luft weht? Durch die Vorstellung, es handle sich um unterschiedliche Bewegungen, hat man die beiden voneinander getrennt. Sie, die Einheit des Lebens. Der Ruf der Vögel, die auf ein Insekt lauern, und das nächtliche Zirpen dieser Insekten sind eins.

Das Leben bewegt sich durch die Form hindurch, es wandelt sich in einem riesigen Kontinuum von einer Gestalt in die andere, immerfort in Bewegung, doch nie getrennt. Fließe im Strom dieser Bewegung.

Gewähre dem großen Wesen in deinem Inneren eine ständig wachsende Freiheit. Der Mensch, der die Möglichkeit zur endgültigen Freiheit besitzt, wählt statt dessen die Isolation.

Geh über deine Grenzen hinaus und erkenne in der Natur das wahre Wesen deines eigenen Seins. Nimm diese Intelligenz und diese Freiheit zu Hilfe.

Einige Blätter fielen von einem über das Wasser hinausragenden Baum. Sie wirbelten wieder und immer wieder im Lufthauch, bis sie schließlich wie eine Liebkosung auf der Wasseroberfläche landeten, so sanft war dieses Herabgleiten.

Die Energie war weich und drehte sich in einer kaum merklichen Wellenbewegung, doch ich hörte die stillen Worte klar und vernehmlich.

Ein Blatt fällt im Windhauch auf die Wasseroberfläche. Nun beginnt die Rückentwicklung in seine ursprüngliche Zellform. Nach Ablauf einer bestimmten Zeit werden die Spurenelemente des Blattes, das sich zersetzt hat, wieder als neuer Saft in einem anderen Blatt an einem anderen Baum aufsteigen. Von einem Blatt zum anderen, und nun frage ich dich – weiß das eine um das andere? Das Gleiche gilt für den Menschen. Weiß das gegenwärtige Selbst um das vorherige? So ist es mit allem Lebendigen. Die Bewegung endet niemals. Der Tod ist nur ein einziger Augenblick in einer Unendlichkeit. Der Mensch ist unendlich, nicht im physischen Sinne, sondern im geistigen. Die Wahrheit ist unendlich. Der Mensch ist mit einem Geist versehen, der – sobald man ihn gemeistert hat – die Unendlichkeit durchmessen kann, um seine eigene Wahrheit zu erkennen. Das ist deine Herausforderung.

Die Worte waren zu mächtig, die Herausforderung zu groß.

Ich stand auf und sprang von meinem Felsen, um tief ins Wasser zu tauchen. Es war zuviel. Ich konnte das, was mir hier angeboten wurde, nicht bewältigen. Es war zu groß, und ich fühlte mich so klein wie ein Kind, dem königliche Eltern Geschenke anbieten, die jenseits seines Begriffsvermögens liegen. Ich kraulte in schnellen Zügen, um meine Spannung zu lösen. Vielleicht war es jetzt an der Zeit, Schluß zu machen. Wie sollte ich diese Dinge weiterhin wahrheitsgetreu niederschreiben und erwarten, daß man sie akzeptieren würde? Aber irgendwo in meinem Inneren ging es um eine größere Herausforderung: Konnte ich denn selbst meine Erfahrungen akzeptieren? Der Gedanke, allein dazustehen, machte mir Angst, und während ich weiterschwamm, drangen die Worte der Vögel wieder in mein Bewußtsein ein.

Achte auf deine Flugbahn.

Plötzlich bekamen all diese Worte über die «Hurtigen» und den «Sperling» einen klaren Sinn. Sie handelten vom Hier und Jetzt. Das war der Preis, den es zu zahlen galt.

Langsam und erschöpft schwamm ich zum Felsen zurück. Ich sagte nichts, aber ich konnte fühlen, daß meine Umgebung alles *wußte*.

Es war, als hörte man einen Chor singen, doch die klaren Worte wurden vom Echo der Stille getragen.

Unsere Beziehung muß sich verändern. Du darfst dich nicht mehr länger als kleiner Bruder oder als Kind fühlen. Natur/Mensch ist nur eine Bewegung, jede das Echo der anderen.

Viel zu lange hast du angsterfüllt und durch viele Widerstände behindert auf unsere Stimme gelauscht. Immer hast du uns zugehört wie ein Kind seinen Eltern. Das war der Schutz, hinter dem du dich versteckt gehalten hast. Damit ist es jetzt vorbei. Du mußt deine Position einnehmen und deinem Schicksal bereitwillig begegnen.

Du mußt die Stimme der Natur als die Natur deines eigenen Wesens erkennen. Wir sind eins. Du/ich sind nur eine Ausdrucksform, auch wenn das Bewußtsein verschiedene Realitäten für sein Selbst heranzieht. WIR *sprechen durch den Windhauch.* WIR *horchen auf den Windhauch. Von* DEM *Fluß –* DEM *Stein –* DEM *Baum, oder von irgendeinem Fluß, einem Stein, einem Baum gibt es keine Trennung.*

Die Intelligenz nützt alle Formen, um sich auszudrücken. Das ist nicht nur das Privileg der Menschheit. Du hast dich gefragt, ob du diese Worte aufschreiben und andere daran teilhaben lassen sollst, und du warst um deinen Schutz besorgt. Wenn du Schutz brauchst, mußt du aufgeben, und zwar sofort.

Wenn du schreibst und deine Erfahrungen furchtlos annimmst, wirst du selbst zum Brennpunkt. Es ist kein Fokus für die Persönlichkeit oder das Ego, sondern ein Brennpunkt für das innere Licht, so daß sein Strahl in das Unbekannte, ins Jenseitige hinausleuchten kann.

Ohne die Hilfe eines starken Brennpunktes wird es dir nicht gelingen, dich über die Schranken in deinem Unterbewußtsein hinwegzusetzen. Sobald dein inneres Licht gebündelt ist, kann dieser forschende Strahl neue Dimensionen der Natur/des Selbst beleuchten.

Ich saß eine Weile still da und versuchte, all das aufzunehmen. Ich begriff, daß es sinnlos war, wenn ich versuchte, mich an alles zu erinnern oder vielleicht etwas daran zu verändern. Ich kann nur sein, wer ich bin.

Eine Stunde lang war ich mit meinen Tagebucheintragungen beschäftigt, während ich die milde Frühlingssonne genoß. Meine Gedanken sprangen förmlich hin und her. Eines schien mir jedenfalls gewiß: Die Intelligenz der Natur war im Umgang mit Worten keineswegs zimperlich, aber meine Vorstellung von diesem Brennpunkt war noch recht unklar. Schön, wenn sich ein Zentrierungspunkt bilden sollte, würde es auch dazu kommen. Ich war offensichtlich in guten Händen.

Ich war ganz in Gedanken versunken, als eine Bewegung im Fluß meine Aufmerksamkeit erregte. Wie dicke, wirbelnde Rauchschwaden wogte ein Schwarm unzähliger kleiner Fische in einer flachen Felsmulde hin und her, unweit der Stelle, an der ich saß. Mit der gleichen natürlichen Grazie wie ein Adler, der sich in die Lüfte erhebt, bewegten sie sich in Einklang mit der Strömung des Flusses. Fasziniert von diesem Augenblick fragte ich sie: «Nun, ihr Fische, habt auch ihr eine Stimme? Verfügt ihr über eine Quelle der Weisheit, die zu mir sprechen kann?» Mit einer einzigen gemeinsamen Bewegung verschwanden die Fische und verloren sich im Schatten des Felsens. Gut, dachte ich, das ist wohl eine klare Antwort. Meine Bewußtheit wurde geradezu magnetisch von der leeren Höhlung angezogen. Die Fische waren zwar nicht zu sehen, aber ich gewahrte eine Energie, die von den Fischen und noch vielen weiteren Wesenheiten stammte. Es war Fisch, Fluß, Stein … und ein unendlicher Himmel.

Ich war erstaunt. Das war mehr, als ich erwartet hatte.

Habe ich dir nicht gesagt, daß sich die Intelligenz in allen physischen Formen ausdrückt? Die Form ist ihrer physischen Identität nach getrennt, die Intelligenz jedoch ist eins.

«Was bezeichnest du als Intelligenz?» fragte ich.

Intelligenz IST *… du pflegst das Gott zu nennen.*

Ich verstand. Worte können nur die Grundidee hinter der Erfahrung fassen. Ich begriff. Und wie durch Zauberei füllte sich die Felsmulde wieder mit dem Schwarm kleiner gestreifter Fische.

2. KAPITEL

Oktober

Aufgrund der Kontakte, die auf der One Earth Conference entstanden waren, wurden Treenie und ich eingeladen, in mehreren Städten und verschiedenen anderen Orten eine Reihe von Seminaren zu halten. Am wichtigsten war wohl die Einladung von Andrea und Bernie Dunn, die uns baten, bei ihnen zu Hause im herrlichen Gebiet der Blue Mountains (New South Wales) einen eintägigen Workshop zu geben.

Bernie und Andrea arbeiteten als Aufseher und Verwalter in den Everglades, einem Naturpark, der sich im Besitz des National Trust befindet. Sie waren gerade dabei, einen Pachtvertrag auszuhandeln, was ihnen einerseits mehr Kontrolle und andererseits die Einführung von Neuerungen ermöglichen sollte.

Everglades ist einer der bekanntesten öffentlich zugänglichen Parks in New South Wales. Die Entstehung dieser außergewöhnlichen Gärten geht auf Henri Van de Velde zurück, der im Jahre 1932 etwa zehn Morgen Land (ehemalige Obstplantagen) gekauft hatte, um dort sein Wochenenddomizil zu errichten. Als er 1947 starb, waren die Gärten bereits als «Epos im Maßstab einer Wagner-Oper» bekannt. Mit Hilfe des Landschaftsarchitekten Paul Sorensen und einer kleinen Arbeitstruppe legte Van de Velde riesige Terrassen mit Stützmauern an, die ohne Mörtel zusammengefügt wurden. Der Besucher kann dort neben heimischen australischen Buschpflanzen einige der ungewöhnlichsten Baum- und Straucharten der Welt bewundern.

In dieser besonderen Umgebung, inmitten der Schwingungen liebevoll umsorgter Pflanzen, sollten wir unseren Workshop abhalten. Am Vorabend des Seminars führten uns Andrea und Bernie auf einen Spaziergang durch die Gärten und den angrenzenden Busch. Die Energien aus dem Park und dem Busch vermengten sich hier und verschmolzen miteinander. Die Grundstimmung in den Gärten war eine Art Verzückung. Das mag vielleicht seltsam klingen, aber ich spürte, daß etwas an eine verschlossene Tür pochte, und obwohl ich nicht wußte, worum es sich dabei handelte, begriff ich, daß *ich* mit dieser verschlossenen Tür gemeint war. Ich war begierig darauf, mich zu öffnen.

Als wir in die Grotte hinuntergingen, wurde dieses erhebende Gefühl wesentlich stärker, und ich wußte, daß ich bald allein an diesen Ort zurückkehren mußte.

Während ich hinter Andrea herging, tauchte dasselbe Gefühl in geradezu schwindelerregender Intensität an zwei weiteren Stellen auf. Ich beschloß, mir am nächsten Morgen in der Dämmerung ein Stelldichein mit dem geheimnisvollen Etwas zu geben.

Die Grotte bestand aus einem tiefen, von der Erde vor langer, langer Zeit ausgeformten natürlichen Amphitheater. Es war ein Ort der Stille und Schönheit der Natur, der ein Gefühl von Ehrfurcht in mir entstehen ließ. Ein kleines Rinnsal, das mit gleichförmiger Melodie aus dem tiefen Wasserbecken zu meinen Füßen träufelte, ging in ein schmales, gewundenes Bächlein über, das im Gebüsch hügelabwärts verschwand. Die ersten Vögel, unter ihnen auch der Kookaburra, der Lachende Hans, begrüßten die aufgehende Sonne mit ihrem rituellen Gesang. Ich beobachtete den flimmernden Himmel und die vom Windhauch bewegten Bäume im dunklen Spiegel des Wassers, als eine sanfte Brise über die Oberfläche strich. Während ich mir die Zeit nahm, meinen Geist zur Ruhe kommen zu lassen, fühlte ich eine mächtige, nach innen gekehrte Energie, die schon seit Jahrtausenden so wartend zu verharren schien. Die ausgebuchteten Wände aus Lavagestein wölbten sich in der Grotte schützend um das Wasserbecken herum, während jeder Riß und jeder gewundene Spalt von Moosen, Farnen und Kriechveilchen überwuchert war. Es war ein Bild der Ruhe und Schönheit. Ich horchte eine Weile auf das Tropfen des kleinen Wasserfalls unter mir und ließ mir Zeit, um mich allmählich in die geheimnisvolle Kraft der Grotte einzufühlen. Ganz still, um die empfindliche Ruhe nicht zu stören, sprach ich zu dem beschaulich spiegelnden Wasser.

«Es ist mir eine Ehre, hier zu verweilen. Allein hier in dieser Stille zu ruhen ist Nahrung für meine Seele. Ich habe keine Fragen. Es genügt mir, hier zu sein und mich dem Leben zu öffnen.»

So seltsam es auch scheinen mag, jedesmal, wenn ich mit der Intelligenz der Natur in Kontakt trete, macht sich eine Gefühlsveränderung bemerkbar, sobald die Worte in mein Bewußtsein einfließen. So wie unsere Charaktere verschiedenartig sind, unterscheiden sich auch die Energien der Natur auf subtile Weise. Die Kraft in dieser Grotte verfügte ebenfalls über eine spezifische Eigenart. In unseren Begriffen ausgedrückt war sie «allein», und doch war ihr etwas wie «Isolation» gänzlich unbekannt.

Willkommen. Es ist kein Zufall, daß du hier bist. Menschen aus allen Lebensbereichen finden den Weg hierher. Es ist ein Ort, an dem die Schranken fallen und die Waffen ruhen. Und genau hier gelingt es vielen Menschen, die Essenz der Natur zum ersten Mal zu fühlen.

Das Fühlen jenseits der Form.

Denn diese Menschen gestatten einem ersten Lichtfünkchen, ihre stahlgepanzerte Weltanschauung zu durchbrechen. Ich bin ein Brennpunkt für Energie, ein Gefäß, das im richtigen Moment zerbersten wird, und dann wird man meine Kraft erkennen.

Ich fühle deine Bestürzung angesichts dieser Worte.

Du mußt verstehen, daß wir in eine Zeit der Wandlung eintreten. Jeder von euch ist ein Gefäß für spirituelle Energie, aber unglücklicherweise wißt ihr nicht um die Kraft, die ihr enthaltet. «Ihr seid» das Enthaltene. Wir, die Energien, durch die die Natur ihren Ausdruck findet, kennen unseren Platz im großen Plan des Lebens.

Du fühlst, daß du nicht mit dem Stein oder dem Wasser sprichst, welche die physische Grundlage dieser Grotte darstellen, sondern mit der kollektiven, intelligenten Kraft, die ihr innewohnt.

Du weißt auch, daß ich kein physisches Wesen bin. Nur das Gefäß ist materieller Natur, wie deine bewundernden Augen sehen können. Dasselbe gilt für Wesen deiner Art. Euer Körper ist lediglich ein physisches Vehikel des Geistes.

Du bist im Begriff, deine latenten Fähigkeiten wiederzuentdecken – die Gabe, dich mit den Energien der Erde wiederzuvereinen. Der Reichweite dieser Kraft sind keine Grenzen gesetzt. Sie ist universell und allumfassend. Und das, mein Freund, ist der Weg, den du eingeschlagen hast. Du wirst schließlich auch über den Sinn dieser Reise mehr Klarheit gewinnen.

Blicke in die Tiefe dieses Wassers, und du wirst alles, was dich umgibt, darin widergespiegelt finden. Auch wenn du all das Leben direkt betrachtest, siehst du darin gleichwohl nur eine Reflexion der wahren Welt. Leben bedeutet für den Menschen, sich durch diese verschwommene, verzerrte Spiegelung hindurchzubewegen. Und doch ist jeder von euch imstande, das Leben in seiner wahren Natur zu erkennen und es auf liebevolle Weise selbst in die Hand zu nehmen. Das erfordert eine Gabe, die den meisten Menschen fehlt: Demut. Demut ist die kreative Kraft des Universums, sie zügelt sich und weiß um ihren Platz im Plan des Lebens. Dieser Plan entfaltet sich – ob mit oder ohne Hilfe des Menschen. Allerdings – was als Erfüllung gedacht war, wird oft zum sinnlosen Schmerz. Mein Freund, so wie ich meine Energien mit den deinen vereint habe, verschmelze ich mit allen, die diesen Ort aufsuchen. Je nach Wahrnehmungsvermögen ist sich jeder Besucher dessen bewußt. Die Liebe, die ich mit dir teile und durch dich empfinde, ist allen Wesen deiner Art zu eigen. Es gilt jetzt, diese Liebe auf einen Pfad der Weisheit zu führen und zum Ausdruck zu bringen. Wir sind im Geiste vereint.

Geh in Frieden.

Ich blieb noch eine Weile, doch ich wollte meinen Zeitplan einhalten und durfte mich deshalb nicht zu sehr verspäten. Das Gefühl des Friedens war nahezu geheimnisvoll und schien alles zu durchdringen.

Ich folgte dem üblichen Fußweg, bis ich an einem großen, sanften Hügel angelangt war. Dort bahnte ich mir dann den Weg durch das Unterholz und kam schließlich zu einer kleinen Höhle, oder genauer gesagt einem Felsüberhang.

Als wir am vergangenen Abend hierher gekommen waren, beobachtete uns von einem Ast in nur wenigen Metern Entfernung eine kleine Eule. Völlig furchtlos sah sie uns mit großen, regungslosen Augen an und erwiderte unsere Bewunderung mit einem geheimnisumwitterten Blick. Jetzt hatte mich mein Morgenspaziergang hierher geführt. Die Eule war von der nächtlichen Jagd zurückgekehrt, und während ich in dieser märchenhaften Höhle saß, konnte ich beobachten, wie sie ihr alltägliches Putzritual durchführte und Gefieder und Fänge reinigte. Ich schmiegte mich eng an die Felswand am hinteren Ende der Höhle und betrachtete meine Umgebung, wie es nur ein Pflanzenliebhaber tun kann, hin- und hergerissen zwischen dem Wunsch, all das zu besitzen und der noch weitaus größeren Bewunderung für dieses vollkommene Kunstwerk der Natur. An der Rückwand der Höhle zog sich ein grüner Moosteppich empor, der von Kriechfarnen durchsetzt war, die ihre orangefarbenen pelzigen Wurzeln in die feuchte, dichtverzweigte Pflanzendecke senkten, die ihnen bereitwillig Nahrung bot. Ich ließ meine innere Wahrnehmung über das physische Erleben hinausgehen und fühlte mich dadurch etwas desorientiert. Ich brachte eine unausgesprochene Frage vor. Aus dem Innern der Felswand und zugleich aus mir selbst kam die Antwort:

Lange schon hast du dieses Land mit den Deinen geteilt, und seit langem hast du deine eigene uralte Vergangenheit vergessen. Dieser besondere Ort hat dich angezogen, damit deine Erinnerung wieder wachgerufen wird.

Du wirst dich an eine Zeit erinnern, in der du schon einmal über diesen Boden gewandelt bist, und sie liegt so weit zurück, daß man es nur in vielen Lebensspannen messen könnte. Laß die Erinnerung in den Träumen wach werden und erkenne die Symbole deiner Träume nicht mit Hilfe des Verstandes, sondern mit dem Herzen. Dort ist das Träumen beheimatet.

Herz verbindet sich mit Herz, denn das ist der Ort, an dem der Geist der Menschheit wohnt. Im Träumen wirst du erwachen. Laß deine Abstammung wiedererstehen, denn deine Vergangenheit und deine Zukunft bestehen in diesem Augenblick – miteinander verflochten.

Die Zeit webt jene Illusion, die der Mensch für das Leben hält.

Ich hockte eng zusammengekauert auf dem Fels, wobei mir mein körperliches Unbehagen nur allzu schmerzlich bewußt wurde. Die kleine Eule beobachtete mit unbeteiligtem Interesse, wie ich meine Glieder streckte. Zeitlosigkeit durchdrang diesen Ort und hüllte mich in einen Schleier verhangener Geheimnisse. Ich konnte einen Mann, einen australischen Ureinwohner, neben mir stehen fühlen, doch neben ihm befand sich ein noch weitaus älterer Mann, der weder weiß noch schwarz war. Wie durch Nebelfetzen hindurch tastete sich meine Wahrnehmung in die Szenerie vergangener Zeitalter vor. Ich verfolgte meine eigene Spur in der Zeit immer weiter zurück, und zwar auf eine Weise, die weder physischer noch visueller Natur war. Es schien, als enthielte die Höhle eine Art innerer, feinstofflicher Geschichtsaufzeichnung der Menschheit – ein natürliches Buch, das nur darauf wartete, je nach Eingebung des Suchenden geöffnet und gelesen zu werden. Ich stellte eine Frage, die förmlich aus mir herausquoll:

«Wie ist es möglich, daß hier eine geschichtliche Aufzeichnung vorhanden ist? Wie kann mir an einem Ort, von dem ich nicht einmal weiß, daß ich ihn jemals aufgesucht habe, meine eigene Vergangenheit offenbart werden?»

Die Atmosphäre war auf einmal vom Gefühl absoluter Grenzenlosigkeit durchtränkt – es war wie die Unendlichkeit des Raums.

Laß los. Du trittst mit deiner Vergangenheit in Verbindung und bereist – durch die Illusion der Zeit hindurch – andere Phasen deines eigenen Wesens. Du wirst an Orte geführt, die du in einer anderen Zeit aufgesucht hast. Physisch hat sich zwar vieles verändert, doch du kannst nirgendwo hingehen und an keinem Platz verweilen, ohne eine Prägung durch dein Wesen zu hinterlassen.

Mir schwindelte. Der Gedankengang, den ich in mir verfolgen konnte, erschien mir völlig absurd.

«Soll das heißen, daß wir – so wie ein Finger, den man auf eine feste Oberfläche drückt – einen Eindruck in der Atmosphäre hinterlassen, indem wir einfach einen bestimmten Raum einnehmen?»

Die Antwort war klar und kraftvoll.

Genau das meine ich. Du kannst weder eine physische Handlung vollziehen noch einen Gedanken denken, ohne daß beides aufgezeichnet wird.

Die innere Reise, die du in dieser Höhle unternommen hast, wird sich in Momenten der Stille und in Träumen fortsetzen und erweitern. Ich werde dich führen. Wir sind durch unser Bewußtsein verbunden. Ich trete dir als Wächter der Höhle entgegen, und wenn die Zeit gekommen ist, wirst du die wahre Bedeutung der «Höhle» begreifen.

Der Riese, der im Zwerg schlummert, ist dabei zu erwachen.

Du kannst jetzt gehen. Es ist unwichtig, ob du jemals wieder an diesen Ort zurückkehrst, denn so wie du in mir enthalten bist, so bin auch ich in dir.

Du hast erkannt und bist erkannt worden.

Ich hatte schon zu viele seltsame Erfahrungen gemacht, als daß mich dieses Ereignis länger als nur für einen Augenblick beunruhigen konnte. Es war mir klar, daß ich mich nur deshalb auf dieser Reise befand, weil ich einer machtvollen, inneren Realität nach jahrelangem Widerstand endlich Raum in meinem Bewußtsein gewährt hatte.

Als ich aus der Höhle ins helle Sonnenlicht herauskroch, drehte der Kopf der Eule sich mühelos weit nach hinten, während sie meine Bewegungen verfolgte.

«Schön», sagte ich, «kannst du vielleicht mit ein paar klugen Ideen aufwarten?»

Die Eule starrte mich einfach an, ohne zu blinzeln.

Während ich mir den Weg durch das dichte Unterholz bahnte, warf ich einen Blick auf die Uhr. Ich erschrak. Mein Erlebnis in der Höhle schien kaum länger als zehn Minuten gedauert zu haben, aber es war schon eine gute Stunde vergangen. Ich wollte noch einen anderen Platz aufsuchen, bevor ich diesen verzauberten Garten wieder verließ, und nachdem ich den gewundenen Pfad gefunden hatte, kletterte ich auf ein Felsplateau, wo das Granitgestein in weichen, welligen Formen direkt an die

Oberfläche trat. Von dort aus konnte man die Schlucht überblicken. Ich war von vereinzelten Bäumen umgeben, deren Wurzeln kaum Halt zu finden schienen. Tief unten in der Schlucht wogte und tanzte das frische Grün der Baumwipfel im Kreiseln des Windes.

Eine Energie von Weite, Offenheit und Ausdehnung, ja eine Art Lichterfülltheit wirbelte um mich herum und erfaßte mich, während eine innere Stimme heiter und ausgelassen in mir dröhnte.

Sei gegrüßt. Hast du nicht das Verlangen, einfach von diesem Felsen zu springen und zu fliegen?

Das ferne Geräusch des Wassers, das in einer dünnen Kaskade aus der nahen Grotte träufelte, schien sich zu verstärken und erfüllte die Luft mit einem freundlichen, einladenden Plätschern. Ich mußte zugeben, daß mir wirklich nach Fliegen zumute war, aber ich wußte, daß das nicht möglich war. Ein unglaubliches Kichern erfüllte meine gesamte Umgebung.

Aber du bist ja bereits gesprungen, mein Freund! Du bist gerade dabei, die Kraft deiner neuentdeckten Schwingen zu erproben und lernst jetzt, dich von den Winden des Geistes emportragen zu lassen, denn das ist die Gabe des Menschen. Eine vernachlässigte Gabe. Kein Flugzeug und keine Rakete wird jemals den Raum durchmessen, den ihr Menschen auf inneren Ebenen erfassen könnt. All das liegt vor dir, und jenseits *ist nur eine Spiegelung des inneren Raumes in der* realen *Welt.*

Stürze nicht deinen physischen Körper von diesem Felsen, sondern laß deinen Geist – von den schützenden Schwingen der Weisheit getragen – auf den höheren, seltenen Winden emporsteigen. Fliege, mein Freund, fliege!

Es gereicht der ganzen Menschheit zum Wohl, wenn jeder einzelne die Pforte zur inneren Freiheit öffnet. Wir sind nicht nur Zelle für Zelle und Körper für Körper miteinander verbunden – in den inneren

Räumen des Alls fliegen wir als Eins. Erstreck dich nach innen, mein Freund, erstreck dich nach außen, und fliege! Du kannst gar nichts anderes tun. Widerstand bedeutet Schmerz, und Verzögerung den Abbruch. Den inneren Raum zu durchmessen und zu weiten ist alles, was dir jetzt zu tun bleibt.

Ich war von einem erhebenden Gefühl der Weite und Ausdehnung erfüllt. Ich sprang mit einem kräftigen Schwung auf die Beine und rief laut: «DANKE – OH, VIELEN DANK!» Mein Schrei hallte über die ganze Schlucht hinaus, und ich hörte, wie das Echo von Fels zu Fels sprang, bevor es von den umliegenden Bäumen gedämpft und verschluckt wurde. Dann bemerkte ich die morgendlichen Spaziergänger, die mich, nachdem sie meinen Schrei gehört hatten, auf dem Felsen in der Ferne stehen sahen und wie ein seltsames Tier beobachteten. Obwohl man mich bei einem so ungebührlichen Betragen ertappt hatte, war mir das keineswegs peinlich.

Dieser Tag ... er war einfach großartig!

Es fiel mir ziemlich schwer, wieder auf den Boden der Tatsachen zurückzukehren, um das Seminar abzuhalten. Während sich mein Geist hoch in die Lüfte erhob, war mein Verstand in einer Diskussion über die Auswirkungen und Anwendungsbereiche organischen Ackerbaus sehr gefordert. Nach dem Mittagessen ergab sich ein Stimmungsumschwung, und die Natur diente uns als Ausgangspunkt für ein Gespräch über Selbst-Gewahrsein, was mehr Aufmerksamkeit und Konzentration unter den Teilnehmern hervorrief.

Nachdem das Seminar vorüber war, fuhren wir nach Sydney weiter und anschließend nach Canberra, wo wir einige Tage bei einer sehr geschätzten Freundin, Bridget Hodgkin, verbrachten. Bridget, schon etwas älter, aber sehr aktiv und geistig rege, stellte mit ihrem scharfsinnigen Humor und ihrer wunderbaren Gastfreundschaft einen Höhepunkt unserer Reise dar. Auf dem Heimweg diskutierten Treenie und ich die verschiedenen

Aspekte unserer Tour, und wir kamen bald zu dem Schluß, daß meine Vorträge im Everglades-Park nicht eine Widerspiegelung meiner wahren Gefühle gewesen waren. Obwohl ich mit Überzeugung und emotioneller Beteiligung über organische Zusammenhänge gesprochen hatte, schien es, daß mein Herz, mein Streben und meine Inspiration in einem anderen Impuls zu suchen waren, der direkt ins Zentrum der Natur führte. Wir beschlossen, daß ich nur dann in der Öffentlichkeit auftreten sollte, wenn Zeit und Ort es erlaubten, diese innere Realität zu vermitteln: Für jede Bewegung gibt es den richtigen Moment, aber nur, wenn man ihn genau erfühlt. Im Augenblick ging es darum, mein Inneres zu bereisen, um mehr Einsicht und Klarheit zu gewinnen, anstatt über vage, unbekannte Konzepte Vorträge zu halten.

Die Wärme und Freundlichkeit unseres Zuhauses war mir sehr willkommen. Sogar die Bäume neigten sich uns zu, vor allem die Morton-Bay-Feige. Jedesmal, wenn wir die Hintertür unseres Hauses öffnen, werden wir von den ausladenden Ästen dieses gewaltigen Baumes begrüßt. Es ist kein gewöhnlicher Baum. Er ist ein Riese, der seine mächtigen Glieder ausstreckt, um die umliegende Landschaft zu umarmen. Und hier, mitten unter den großen, dunkelgrünen Blättern, hängen die Dolden kleiner, säuerlich-herber Früchte, die tagsüber gelbe Feigenvögel, Drosseln, Laubenvögel und viele andere Vogelarten anlokken, während in den warmen Sommernächten die Fliegenden Füchse (eine pflanzenfressende Fledermaus-Art) in Scharen herbeiströmen. Nur wenn die Zeit der Reife vorüber ist, herrscht Ruhe, und der Baum beobachtet in stiller Kontemplation seine Umgebung. Wenn man unter seinem ausladenden Geäst steht, schrumpft das Ego zu absoluter Bedeutungslosigkeit zusammen, was ein Gefühl der Demut hervorruft. Die Persönlichkeit des Baumes erreicht alle, die ihn betrachten, und nur wenige können unberührt an ihm vorübergehen.

Es ist nicht schwer, mit einem solchen Baum zu sprechen.

Gerade seine Erhabenheit ist es, die zum Gespräch einlädt. Sie werden wohl kaum an Ihrem Hund oder Ihrer Katze vorbeigehen, ohne ein liebes Wort für das Tier zu finden, und genauso wenig kann ich auf dem Weg zum Fluß all diesen Bäumen begegnen, ohne sie zu begrüßen. Mir erscheint es seltsam, daß man es als eine Selbstverständlichkeit betrachtet, wenn jemand mit seinen Haustieren spricht, während uns die Schwingungen und die Freude unserer Pflanzen und Bäume gänzlich entgehen. Eines Morgens, als ich unterwegs zum Fluß war, erzählte ich auch diesem Baum davon. Sein massives Wurzelsystem war beinahe ebenso ausladend wie sein Geäst. Ich legte mein Handtuch auf eine einladende, bequeme Wurzel und setzte mich, um mit ihm zu plaudern.

«Herr – oder Frau Morton-Bay-Feige, je nachdem, was zutreffend sein mag – kannst du mir, der du über eine Quelle unendlicher Weisheit verfügst, sagen, warum wir Menschen mit Katzen und Hunden, ja sogar mit Pferden, Ziegen und Schweinen und noch vielen anderen Tieren sprechen, obwohl wir nie eine verbale Antwort erhalten und sie auch gar nicht erwarten, während wir nur selten mit Bäumen, anderen Pflanzen oder Flüssen und Steinen sprechen?»

Die Stimme des Baumes war klar vernehmlich und hallte in meinem empfänglichen Bewußtsein wie eine Glocke wider.

Ich fühle deinen Humor und deine Freude. Ich verstehe, woher diese Empfindungen kommen. Während deiner jüngsten Reise hast du vielerlei Verhaftungen an geistigen Ballast gelöst, wodurch sich dein Wissen um die inneren Reiche der Natur erweitert hat. Ich werde deine vorwitzige Frage ernsthaft überdenken, denn sie stellt einen Hinweis auf eine Veränderung im menschlichen Bewußtsein dar. Die Anzahl jener Leute, die tatsächlich mit Bäumen und anderen Pflanzen sprechen, ist zur Zeit im Ansteigen begriffen.

Für den Menschen der Gegenwart ist es schwierig, eine derartige Möglichkeit zu akzeptieren. Ihr sprecht ohne weiteres mit euren Tie-

ren und könnt euch sehr gut in sie einfühlen, denn der Mensch ordnet sich ja selbst dem Tierreich zu.

Vom menschlichen Standpunkt aus befindet sich das Pflanzenreich eine Stufe tiefer, deshalb könnt ihr nicht erkennen, daß der Mensch eine Synthese aus dem Reich der Mineralien, Pflanzen und Tiere darstellt. Euer urteilender Verstand betrachtet Pflanzen als Wesen, die weder über Gefühle noch über bewußte Intelligenz verfügen. Diese Unfähigkeit, eine Wahrheit zu verstehen und zu erfassen, ändert jedoch nichts an der Wahrheit selbst. Sie begrenzt lediglich eure Fähigkeit, mit dem Leben so in Beziehung zu treten, wie es IST*, anstatt wie ihr es seht.*

Durch das anbrechende neue Zeitalter wird der Mensch – um überleben zu können – feststellen müssen, daß die Natur, die ihr außerhalb eurer selbst wahrnehmt, nur die Spiegelung eurer eigenen inneren Natur darstellt. Viele Menschen fühlen, daß die Verbindung mit dieser erweiterten Schau zu dieser Zeit erfolgt, so wie auch du sie momentan erlebst.

Meine Vorwitzigkeit war verschwunden, aber die Freude und die Ausgelassenheit hatten sich sogar noch verstärkt. «Danke, Herr oder Frau Baum. Ich habe deiner Mitteilung nichts hinzuzufügen. Ich wünschte nur, daß mehr Leute derartige Gespräche führen könnten. Für mich ist es jedenfalls klar, daß wir uns alle ‹neue Triebe› wachsen lassen sollten, um uns Bäume oder Topfpflanzen zu Freunden und Gefährten zu machen.»

Laut lachend sprang ich auf die Beine, um zum Fluß zu laufen. Ich war schon fast außer Reichweite des Baumes, als sich meine Zehen in der dünnsten seiner weitverzweigten Wurzeln verfingen und ich der Länge nach auf die Nase fiel. Der Baum hatte zuletzt gelacht ... Herr oder Frau Baum!

Schon in meiner frühen Jugend liebte ich die Zurückgezogenheit in der Stille der Natur. Zwischen Feldern, Hecken und den

Ufern zahlreicher Flüsse genoß ich die Ruhe meiner Umgebung, gelöst und voller Vertrauen. Dabei konnte ich all das Werden und Vergehen in der Natur verfolgen.

In diesen Momenten der Stille, die für mich eine Art lebendigen Schatz darstellten, pflegte ich meinen Tagträumen nachzuhängen – wie das Leben wohl sein könnte, welche Fähigkeiten ich gerne besäße etc. . . .

Ich lehnte mich bereits in jungen Jahren gegen die Tatsache auf, daß ich geboren worden war. Durch die Geburt war mir eine äußerst schmerzhafte Prüfung auferlegt worden. Mein Eintritt ins Leben war keineswegs einfach gewesen. Als ich dann die Schule besuchte, vor allem in der Zeit zwischen sieben und vierzehn Jahren, war ich bereits zum chronischen Rebell geworden. Jegliche Aufgabe oder Disziplin, die man mir auferlegte, war Zielscheibe meines inneren Zorns, und in der Privatschule, die ich besuchte, waren Rohrstock und Prügelstrafe anerkannte Erziehungsmethoden, was für mich besonders schlimm war.

Hier herrschte eiserne Disziplin, und der strenge, exzentrische Schulvorsteher war gefürchtet. Angesichts der herablassenden Haltung und Gewalttätigkeit dieser Lehrer und ihres Unterrichtssystems brannte meine Wut in konstanter Auflehnung. Die Jahre des Kämpfens, in denen ich all meinen Witz gegen den der Lehrer einsetzen mußte, veränderten mein Leben grundlegend. Ob bewußt oder unbewußt, diese Lehrer beleidigten und provozierten meine Intelligenz und mein Empfinden für Fairneß. Dadurch legten sie den Grundstein für mein Mißtrauen gegenüber jeglicher Form von Autorität, Disziplin und Reglementierung. Gleichzeitig fand ich jedoch heraus, daß ich der Natur vertrauen konnte – ihr war ich immer willkommen. Im Kontakt mit der Natur schien sich eine innere Kammer meines Herzens zu öffnen, und durch diese Öffnung erfuhr ich eine große Bereicherung. In der Begegnung mit Menschen gelang es mir nie, ähnliches zu erleben.

Mein Geist gab sich mit bereits bewiesenen Gedankengängen nicht zufrieden. Statt dessen vergrub er sich wie ein Abtrünniger, undiszipliniert und ungeschult, tief in den Gefilden der Phantasie. Die acht Jahre meiner Schulzeit stellten eine einzige langweilige Last für mich dar, während die völlig andersartige Erfahrung draußen in der Ruhe und Einsamkeit der Natur mein Interesse und meine Neugier erregte.

Den einzigen Ausgleich für die in der Schule verbrachte Zeit fand ich im naheliegenden Botanischen Garten. Nach dem Unterricht schwang ich mich immer sofort auf mein Fahrrad, um mich so schnell wie möglich dieser wunderbaren Zerstreuung zu widmen. Die Gewächshäuser zogen mich an wie der Honig die Fliegen. Die Gärten gehörten zur Universität von Cambridge. Die riesigen Gewächshäuser nahmen einen relativ großen Bereich der Gärten ein, und ihre warme, dampfende Luft hieß mich jedesmal von neuem willkommen. Fremdartige, gewundene Blüten seltsam gewachsener Pflanzen kletterten und krochen in geordneter Üppigkeit aus Töpfen und Beeten hervor. In meinem Bemühen, all das in mich aufzunehmen, stand ich mit großen Augen da und machte mich im Laufe der Zeit mit jeder Pflanze vertraut, die hier zu finden war. Vom allerersten Besuch an entspann sich zwischen mir und dieser exotischen Natur eine Liebesgeschichte.

Es war vorherbestimmt, daß ich – als akademische Null – für meinen Vater auf unserem Land arbeiten würde, während mein ältester Bruder, der in der Schule geradezu geniale Leistungen erzielte, auf die Universität nach Cambridge gehen sollte. Mit fünfzehn verließ ich die Schule, und meine Liebesgeschichte mit der Natur war beendet. Vorbei war es mit dem einsamen, ungeregelten Umherstreifen. An seine Stelle traten die starren Regeln der Landwirtschaft. Vorbei war das Wunder, die Ehrfurcht, dieser Hauch von Verehrung. Statt dessen wurde mir ein vorgegebener Zyklus von Saat und Ernte auferlegt. Die Spontaneität, die ich gekannt hatte, wurde von ständig wachsender

Verantwortung erdrückt. Die Wildheit blumenübersäter Wiesen, hell plätschernder Bäche, majestätischer Wälder und kühler, stiller Teiche mußte der harten Realität von Pflügen und Säen, Insektenvertilgung und Ernte Platz machen. Immer wieder, jahrein, jahraus. Es war ein Ritual, das ich zugleich liebte und haßte.

Obwohl ich die Verbundenheit mit der Natur liebte, verabscheute ich instinktiv die arrogante menschliche Haltung des Beherrschenwollens. Intuitiv schreckte ich vor der Entfremdung zwischen Natur und Landwirtschaft zurück. Die Routine, die Last der Arbeit, die endlosen, sich wiederholenden und jahreszeitbedingten Zyklen, all das wog so schwer, daß sich die innere Flamme meiner einstigen Verbindung zur Natur auf ein schwaches Glimmen reduzierte. Es war ein subtiler Zwang, dem ich mich unterwarf. Ich versah die Ketten der Gefangenschaft mit dem Zeichen der Freiheit, damit ich überleben konnte. Mit dieser großen Illusion führte ich mich selbst hinters Licht und bahnte mir in dem Glauben, ich sei frei, für die nächsten dreißig Jahre den Weg durch das Leben. Obwohl ich den Mantel der Täuschung in versteckter, unterbewußter Verzweiflung eng um mich zog, brannte das Licht der wahren Freiheit weiterhin in meinem Inneren und sorgte dafür, daß mein geordnetes Leben im Laufe der Jahre in sich zusammenbrechen mußte, um eine andere Möglichkeit, einen anderen Weg aufzuzeigen, den ich beschreiten konnte.

Mein Schulabgang bedeutete den Verlust meiner früheren Unschuld im Umgang mit der Natur, einer Unschuld, die nicht mehr wiedergewonnen werden konnte. Ich hatte jedoch immer einen Lieblingsplatz, an den ich mich zurückzuziehen pflegte – Byrons Pool Woods. Dieser Wald lag in der Nähe von Granchester, dem Stammsitz der Vorfahren des berühmten Dichters Lord Byron, und von Zuhause aus brauchte ich nur wenige Minuten mit dem Fahrrad, um dorthin zu gelangen. Byrons Pool Woods – bei diesem Namen überkommt mich auch heute noch eine Art angenehmer Schauer, eine bleibende Erinnerung, die mit vielen Details verbunden ist. Byrons Pool Woods war ein Mekka für Naturliebhaber, ein geschichtsträchtiger, geheimnisumwitterter Ort. Am Waldrand lag ein großer Teich, der von einem Fluß gespeist wurde. In etwa eineinhalb Metern Tiefe konnte man noch die vagen Umrisse einer alten Mühle erkennen. Wir Kinder konnten an einer bestimmten Stelle bis zu den Überresten der alten Grundmauern waten, die an der anderen Seite tief ins Wasser abfielen. Dort habe ich – von den kalten, dunklen Wassern von Byrons Pool umgeben – schwimmen gelernt.

Das nahe Wehr, von grünen Algen ganz überwachsen, regulierte den Wasserstand während der winterlichen Überschwemmungen. Im Sommer aber, wenn wir das Badewetter genossen, rann nur ein dünner Wasserstrahl über die breite Plattform hinter den alten, handbetriebenen Schleusen. Stundenlang saß ich dort allein und starrte ins Wasser. Flüsse, Ströme, Bäche – Wasser übte auf mich immer eine Faszination aus, ich stand wie unter einem Bann, den ich nur schwer erklären kann. Jedesmal, wenn ich mich in der einsamen Gesellschaft eines Flusses befand, überkam mich eine heftige Sehnsucht – eine Sehnsucht, die ich nicht verstand und in ihrer Tragweite auch nicht erfassen konnte.

Auf irgendeine Weise entstand da im Herzen eines Jungen eine Verbindung, eine spontane Beziehung zur Natur. Gleichgültig, worin diese Verbindung eigentlich bestand, sie überstieg alle physischen Begrenzungen. Was damals in mir zu keimen begonnen hatte, trat jetzt einladend und mit neuer Frische wieder an die Oberfläche. Ich fühlte mich ermutigt, einer inneren Wahrheit zu folgen, einem Traum, durch den meine Verbindung zur Natur lebendig und aktiv werden konnte. Ich war nicht mehr allein, sondern mit allem Lebendigen bewußt vereint.

Als ich achtzehn war, überredete mich ein Freund, die Ferien mit ihm in einem Sommerlager zu verbringen, das von einer kirchlichen Organisation abgehalten wurde. Dort traf ich Treenie – sie stach aus der Gruppe kichernder Mädchen deutlich hervor, und ich fühlte mich sofort zu ihr hingezogen. Mit ein wenig Schwindelei änderte ich den Dienstplan ab, und schließlich begegneten wir einander beim morgendlichen Abwasch, wo sich unsere Hände in der schaumigen Seifenlauge berührten. Bei aller Bescheidenheit – Treenie fand mich geradezu umwerfend!

Die Sonne schien jeden Tag – drinnen und draußen. Es war seit Jahren der heißeste Sommer in England, und Treenie und ich wanderten die gesamte Gegend und die Strände der Robin Hood Bay ab. Wir verliebten uns – und daraus entstand eine Liebe, die die Jahre überdauerte, wuchs, umfassender wurde und erblühte.

3. KAPITEL

November

Ich habe es immer genossen, in ziemlich regelmäßigen Abständen durch den nahegelegenen, halbtropischen Regenwald zu wandern. Gewöhnlich war das eine recht irdische Angelegenheit, wo ich die erstaunlichen Schöpfungen der Natur ihres Aussehens, ihres Nutzens und ihres Erfindungsreichtums willen bewunderte. Ich spürte, daß ich gerne wieder einen Besuch in diesem Wald machen würde, um mich auf eine andere Weise mit meiner Umgebung in Verbindung zu setzen. Die Natur wies mich darauf hin, daß es viele Ausdrucksebenen jenseits der physischen gibt – das Formlose jenseits der Form –, und ich wollte herausfinden, ob ich die Barrieren auf meine Weise beseitigen konnte. Ich hatte das dumpfe Gefühl, daß mein Vorankommen von einem bestimmten Faktor abhing, wie z. B. ein Auto auf Treibstoff und Fahrweise des Lenkers reagiert. Ich mußte herausfinden, ob ich das Auto, der Lenker oder beides gleichzeitig war.

Bei meiner Geburt holte man mich mit einer Zange ans Licht der Welt. Meiner Ansicht nach verursachte der Druck auf meinen Kopf (der ganz beträchtlich ist, wie ich in Erfahrung bringen konnte) eine Abnormität des Gehirns. Lachen Sie nicht! Ich meine das sehr ernst. Ich habe nie jemanden getroffen, der einen schlechteren Orientierungssinn hatte als ich. Ich verirre mich im Kaufhaus. In einen Supermarkt zu gehen, ist ein unglaubliches Glücksspiel für mich. Vermutlich bin ich der einzige Erwachsene, den man zur Abholstelle für verlorengegangene Kinder bringt! Jetzt können Sie vielleicht verstehen, was ich meine. Ich bin jemand, der sich bereits unter ein paar Bäumen verirren kann. Können Sie sich vorstellen, wie das erst im Wald mit mir aussieht? Anstatt mich in gefährliche Situationen zu begeben, in denen Treenie einen Blut- oder Suchhund benötigen würde, um mich aufzuspüren, mache ich mich meist mit einem unserer Freunde auf den Weg, der mich ohne weiteres mit Bäumen oder Steinen reden hören kann, ohne zu glauben, ich würde spinnen. An einem angenehm sonnigen Tag machte ich mich mit meinem Freund Gerhard zu einem Erkundungsgang durch den Wald auf. Bei dieser Gelegenheit wollte ich mich auch mit den Bäumen unterhalten. Erwartungsgemäß ist auch Gerhard ein geborener Naturliebhaber. Er ist eher zart gebaut, mittelgroß, und seine sensiblen grünen Augen, die aus dem bärtigen Gesicht hervorleuchten, wandern ständig über Boden und Bäume, um die feineren Aspekte der Natur in sich aufzunehmen. Für ihn ist ein Gang durch den Busch eine Art Liebesbezeugung, erweiterter Ausdruck seiner Liebe zur wilden Natur. Er ist der ideale Gefährte für solche Wanderungen, denn er spürt intuitiv, wenn ich allein sein möchte. Dann geht er fast unmerklich seiner Wege, um sich auf seine eigenen Interessengebiete zu konzentrieren.

Die felsige Schlucht war nur einer der vielen waldbedeckten Ausläufer des steil abfallenden New England-Plateaus. Große Felsblöcke, die aus dem hochaufragenden Steilhang herausgerissen worden waren, übersäten die Schlucht, wo sich ein kalter, klarer Bach ungeachtet der üppigen Vegetation, die den Wasserlauf fast zu ersticken drohte, den Weg durch den halbtropischen Bewuchs bahnte. Ich saß auf einem kleinen, bequemen

Stein, der von einem gegenüberliegenden Felsblock weit überragt wurde. Die Oberfläche war größtenteils von einer dicken Moosschicht bedeckt, die einen idealen Nährboden für den Nestfarn darstellte, der sich punktförmig über den Stein verteilte. Das Leben auf diesem Felsblock spielte sich fast gänzlich in schattiger Feuchtigkeit ab, die ein perfektes Mikroklima darstellte. In meinem Inneren fühlte ich den Felsen gewaltige Ausmaße annehmen, wobei die Farne in meinem Bewußtsein wie Bäume aufzuragen schienen. Ich sandte diesem riesigen Felsblock und der übrigen Energie, die er umfaßte, einen Gedanken des Willkommens und der Anerkennung. Das Wasser, das um und über die Felsen floß, erfüllte die Luft mit einem Rauschen, das von den Zikaden in der Umgebung begeistert aufgenommen und noch verstärkt wurde. Durch all die Geräusche der lebendig pulsierenden Schlucht hindurch vernahm ich ganz klar die Stimme des Bewußtseins im Felsen.

Du bist willkommen. Wir begrüßen deine Haltung, die Respekt und Bewunderung widerspiegelt. Die Wälder sind schon viel zu lange ausgebeutet worden, um eure Bedürfnisse auf physischer Ebene zu decken. Jetzt ist es Zeit, unsere Energie mit der der Menschheit auf höheren, feinstofflichen Ebenen zu verschmelzen.

Der Lärm des Wassers und der Zikaden, die mit dieser Stimme im Wettstreit um meine Aufmerksamkeit zu stehen schienen, bereitete mir Konzentrationsschwierigkeiten. Die Worte flossen in mein Bewußtsein ein, und jegliches Geräusch befand sich außerhalb dieser Erfahrung, doch ich fühlte mich abgelenkt.

Leiste dem Wasser und den Geräuschen des Lebens keinen Widerstand. So wie eine Brise durch die nachgiebigen Blätter eines Baumes hindurchstreicht, solltest du deinen Widerstand aufgeben.

Laß dein Wesen von der inneren Kraft dieser Wasser durchströmen und reinigen. Hier wird etwas Einzigartigem Ausdruck verliehen. Jeder Bereich der Schlucht verfügt über eine essentielle, spezifische Wesensart, und jede dieser Zonen hat dem Menschen eine besondere Gabe zu bieten.

Das verwirrte mich. Schließlich und endlich – Bach bleibt Bach und Schlucht bleibt Schlucht. Wie konnte diese Unterschiedlichkeit im Verein mit der Einheit überhaupt bestehen?

«Willst du damit andeuten, daß die Wasser-Energie des Flusses eine andere ist, sobald er das Tal erreicht hat? Wie ist das möglich, wenn es sich doch – logischerweise – um dasselbe Wasser handelt?»

Mein Freund, in der Natur wird nur die physische Widerspiegelung, die du als deine Welt ansiehst, dem prüfenden Blick der Logik standhalten. Du bist dabei zu lernen, wie man eine feinere Welt mit ihrer höheren Wahrheit erfassen kann, um selbst ein Teil davon zu werden. Als Antwort möchte ich eine Gegenfrage stellen: Angenommen, ihr bildet eine Menschenkette, die mehrere Meilen lang ist. Würde dann der Charakter der einzelnen Abschnitte unverändert bleiben?

Diese Idee war mir zwar neu, doch ich begriff, worum es ging. Eine Menschenkette (die ja nur aus Menschen besteht) würde sich aus genauso vielen Einzelwesen zusammensetzen, wie zur Bildung der Kette nötig waren. Ich war nie auf den Gedanken gekommen, daß sich dieses Konzept auch auf einen Fluß oder eine Schlucht anwenden ließe. Aber warum nicht? Der Fluß, der an unserem Haus vorbeiführt, kam mir in den Sinn. Aber natürlich! Ich konnte ja die energetische Veränderung, die zwischen meinem Lieblingsplatz am Fluß und anderen Abschnitten stattfand, ebenfalls spüren. Sicherlich ist «mein» Teil des Flusses einzigartig. Warum sollte das nicht für Flüsse, Bäche und Wasserläufe im allgemeinen gelten? Es war ein ungewöhnlicher Gedanke. Dadurch wurden viele Fragen aufgeworfen, die sich aufgrund logischer und verstandesmäßiger Überlegungen immer mehr verwirrten. Ich kämpfte, um das Gleichgewicht zwischen physischer und metaphysischer Realität zu bewahren.

Ich spürte, wie ein leichter Schauer durch das Bewußtsein des Felsblockes ging . . . ein Hauch von Ironie.

Du mußt genausoviel aufnehmen können, wie du erfragt hast. Vergiß die Fragen, die auf Logik und Wissen beruhen. Bade statt dessen im Strom der höheren Energien. Sieh, fühle und forsche jenseits der physischen Form, und deine Erfahrung wird dich im richtigen Augenblick, einem Wasserfall gleich, mit einer Kaskade der Wahrheit erfüllen.

Wir ließen den Felsblock in der Schlucht hinter uns und setzten unseren Weg fort, um aus dem dichten tropischen Unterholz schließlich auf einen hohen Felsgrat zu gelangen, von dem aus wir unser Ziel bereits sehen konnten: den Wasserfall.

Angesichts der riesigen Bäume, die hier auf dem Felsrücken eine Art natürlicher Allee von etwa hundert Metern Länge bildeten, fühlten wir uns beinahe wie Zwerge. Schuppentannen, Eukalyptusbäume, Tristanien (eine Art Myrtenbaum) und andere Giganten bildeten die Pfeiler dieser Kathedrale des Waldes, während das wogende Laubwerk hoch über unseren Köpfen die Decke formte. Dieser Ort war vom Schweigen beherrscht. Es erweckte ein Gefühl der Ehrerbietung, und man konnte spüren, daß ein einziger achtloser Schrei den Zauber zerstört hätte. Ich konnte die Energien in den feinstofflichen Bereichen aufsteigen fühlen, unbenennbar zwar, aber offensichtlich aktiv. Aus dieser kollektiven Kraft flossen die Worte in mein Bewußtsein ein.

Gut, daß ihr diesen Ort aufsucht. All jene, die liebevollen Herzens unter uns wandeln, heißen wir willkommen.

Es ist weise, hierher zu kommen, um sich einzufühlen, zu bewun-

dern und Ehrerbietung zu erweisen. Achtung und Verehrung könnten den Eingang in die höheren Wirklichkeiten der Natur auftun.

Nur wer sanft und demütig an diese Pforten pocht, kann Schritt für Schritt Einlaß in die feineren Welten finden.

Lerne dein Selbst zu begreifen, und verstehe, was es bedeutet, Mensch zu sein, denn es gibt noch vieles zu lernen. So wie jeder Baum über Wurzeln verfügt, die seine Vorläufer sind, gibt es auch in jedem planetaren Zeitalter eine fühlende Spezies.

Kannst du vielleicht nur für einen Augenblick begreifen, daß der Mensch von heute nur den Vorläufer einer neuen menschlichen Rasse darstellt?

Genau das wird entstehen, wenn die Menschheit aus den Ruinen der Zivilisation von neuem hervorgeht. Es ist schon viele Male geschehen, und es wird sich noch oft wiederholen. In jedem Zeitalter erreicht der Mensch den Gipfel der Macht. Bisher hat er immer die Macht der Zerstörung gewählt. So wie ein Baum seinem Samen entsprechend gestaltet ist, muß auch der Mensch ernten, was er gesät hat. Erst wenn der Mensch den Gipfel höchster Weisheit erlangt hat, wird dieser Zyklus ein Ende haben. In diesem Moment wird ein neuer Schwerpunkt entstehen.

Im gegenwärtigen Zyklus hat der Mensch wieder einen Punkt erreicht, an dem er den Samen seiner eigenen Zerstörung in Händen hält. Dies wird den Anfang und zugleich das Ende bedeuten.

Nach dieser Mitteilung verfiel ich in besorgtes Schweigen. Die ominösen Untertöne verursachten mir Unbehagen, und ich stand der Erfahrung selbst zu nahe, als daß ich objektiv bleiben konnte. Ich erhob mich von dem Baumstamm, auf dem ich gesessen hatte, und ging auf eine der Schuppentannen zu, um sie/ihn zu umarmen.

«Ist es wirklich so schlimm?» fragte ich. Ich hörte nichts, fühlte mich aber von einer Klarheit erfaßt. Es schien, als wäre ein negativer Brennpunkt plötzlich ausgeschaltet worden, um von der erleuchtenden Kraft einer positiven Energie erfüllt zu werden. Ich hatte Worte der Hoffnung, des Lebens und der Kontinuität vernommen. Das Ende *ist* der Anfang, der Anfang *ist* das Ende; denn das Leben setzt sich in einem zyklischen Kontinuum in Form einer Spirale fort. Es ist unmöglich, angesichts der Unendlichkeit einen endlichen Standpunkt einzunehmen und ihn in dieses Kontinuum einzufügen. Daher muß sich auch unser Denken erweitern und dieser Spirale folgen. «Danke», flüsterte ich dem Baum zu.

Als wir zum Wasserfall hinuntergingen, fühlte ich, wie sich die Energie auf dem Felsgrat in einen riesigen Phönix verwandelte, der sich frei und triumphierend hoch über die Bäume erhob. Das Wasser stürzte aus mehreren hundert Metern Höhe über die Felswand herab und ergoß sich in das tiefe, kalte Bekken zu meinen Füßen. Der Platz war von Bäumen gesäumt. Schuppentannen drängten sich am Rande der Felswände eng zusammen. Lianen legten sich in eleganter Lässigkeit über die verschiedenen Bäume, wobei ihre großen, gewundenen Ranken an zusammengerollte Schlangen aus einer sagenumwobenen Zeit erinnerten. An diesem behüteten, abgeschiedenen Ort, vom umliegenden Wald verborgen, erzeugten die warmen Strahlen der Sommersonne, die auf das Wasser fielen, einen schimmernden Sprühnebel der Schönheit. Ich hatte an mehreren Stellen Blutegelbisse, und das Blut rann langsam und beständig in das Wasserbecken, doch es gelang mir, die Sache mit Humor zu nehmen. Die Blutegel waren mit meinem Körper «eins» geworden. Mir lag nicht sehr viel an ihrem Wohlergehen, als ich sie – vollgesogen und aufgebläht von meinem Blut – von den Knöcheln löste. Ich akzeptierte jedoch, daß sie eben das Ihre getan hatten, und zwar sehr wirkungsvoll. Ich fühlte mich nicht als Opfer, ich war lediglich eine wandelnde Blutbank.

Ein angenehmer Lufthauch, der durch das herabstürzende Wasser erzeugt wurde, kühlte den Schweiß auf meiner Stirn. Sehnsüchtig blickte ich auf das kalte Wasser, mit dem ich meine zahllosen Mückenstiche zu lindern beabsichtigte. Trotz Hemd und Cordhose hatte ich an Beinen, Schultern, Armen und Nakken unzählige Stiche davongetragen, wenn ich stehengeblieben war, um in mein Tagebuch zu schreiben. Es ist eine Ironie, denn mein Einfühlungsvermögen gilt ja nicht der abgetrennten physischen Form, sondern lediglich der intelligenten Energie, die sich als eine Spezies ausdrückt. Unglücklicherweise ist mir bis jetzt noch kein Schutz vor der physischen Form (der Mücke) geboten worden, sogar während ich mit der geistigen Kraft kommuniziere, die ihr zugrunde liegt.

Vor etwa einem Jahr, als ich einmal im Spätsommer am Fluß lag und mich sonnte, bat ich eine dicke, neugierige (und uneingeladene) Märzfliege, mich nicht zu beißen. Ich fühlte sofort ein starkes Aufwallen von Märzfliegen-Energie, und trotz der ebenso starken Zweifel, die in mir aufstiegen, vernahm ich die Worte, die sich in meinem damals noch skeptischen Bewußtsein formten.

Die Fliege kann deine Bitte nicht erfüllen. Ein solches Geschöpf kennt keinen freien Willen. Die Fliege ist eine Lebensform, die einem genau vorgeprägten Verhaltensmuster folgt, und das ist das Einzige, was sie tun kann. Teil dieses Verhaltensmusters ist es, die Nahrung in Form von Blut aus warmblütigen Säugetieren zu beziehen.

Ich frage dich nun, wäre es möglich, ein Geschöpf wie diese Fliege mit Toleranz und Verständnis, ja sogar mit Liebe zu betrachten? Eine derartige Haltung hätte zweierlei Auswirkungen. Erstens reduzierte sie die Wahrscheinlichkeit, Opfer der Fliege zu werden ganz erheblich, und zweitens wäre es unmöglich für dich, Opfer deines eigenen Trennungsbewußtseins und deines Mangels an Verständnis zu werden.

Das war vielleicht eine Fliege!

Ich nahm an, daß hier am Wasser, wo mein Blut mittlerweile in Strömen aus den Bißstellen floß, dasselbe Prinzip gültig war. Meine Aufmerksamkeit richtete sich auf die herabstürzenden Wassermassen. Der Versuch einer Beschreibung würde der wahren Schönheit des Wasserfalls keineswegs gerecht werden. Ich kann nur seine Pracht schildern, doch es ist weit mehr, denn er verfügt noch über eine weitere Eigenschaft. Der Wasserfall erzeugt eine Art magnetischer Anziehung, aber nicht im physischen Sinne, sondern auf eine Weise, die meine Gedanken und Gefühle dann und wann im Lauf des Tages zu ihm lenkt. Unter dem Tosen der wild brausenden Kaskaden sprach ich laut mit dem Wasserfall.

«Danke, Wasserfall, danke, daß du mich wieder hierher eingeladen hast. Danke, daß du mir das Gefühl vermittelt hast, ein Teil der Natur zu sein, anstatt mich als abgetrennte Einheit zu sehen. Was ist das Besondere an diesem Wasserfall? Was zieht mich und andere an, wenn man von deiner physischen Schönheit absieht?»

Die innere Energie des Wasserfalls schien unermeßlich. Alle physischen Begrenzungen schwanden dahin, als der Wasserfall die innere Welt völlig ausfüllte – er war alles, was IST. Er erfaßte mich, und ich war es nun, der sich über die Felswand ergoß. Gleichzeitig erfaßte ich ihn, indem ich ihn mit liebevollem Interesse beobachtete.

Ich heiße euch beide willkommen. Sei wachsam, bedenke, ich bin nicht der Wasserfall, noch bist du die Hand, die da schreibt. Beachte den Unterschied und zugleich die Ähnlichkeit. Du bist Intelligenz, die nach Erweiterung strebt und nach ihrer eigenen Bestimmung sucht – nach der Erkenntnis ihres Wesens.

Dasselbe gilt auch für mich.

Im Sinne dieser Ganzheit lassen wir unsere Identität und die Verhaftung an die physische Form hinter uns, um zu dem einen *Bewußtsein zu verschmelzen. Für meine Energie ist das die Realität des Lebens. Für dich ist deine physische Identität das, wofür du dich hältst; eine Verhaftung, die über Jahrtausende hinweg entstanden ist. Es ist eine mächtige Gedankenform, ein starker Glaube, von dem es sich zu lösen gilt. Genau das mußt du als deine Herausforderung ansehen.*

Dieser Wasserfall ist ein Brennpunkt von Energien. Viele andere Wasserfälle bündeln Kraft in einem stärkeren oder geringeren Ausmaß. Es ist immer eine feinstoffliche Energie, die gewöhnlich über das menschliche Wahrnehmungsvermögen hinausgeht.

Ich schwamm und tauchte eine Weile im kalten, klaren Wasser. Die Worte und deren Erleben waren geschwunden, nicht so aber die zarte Schönheit dieser Wildnis, die mich umgab. Gerhard wirkte hoch oben auf den Felsen wie eine Puppe. Er jauchzte, doch seine Stimme ging im Tosen des Wassers beinahe unter.

Nachdem er sich einige Zeit später zu mir gesellt hatte, erzählte ich ihm von meinem Erlebnis. Er schwieg eine Weile, während seine Augen weit in die Ferne zu blicken schienen.

«Ich kann sehr gut nachempfinden, was du da beschreibst. Worte sind zwar nicht meine Stärke, aber wenn ich am Wasserfall stehe, erscheint es mir so, als höre ich das Lied unseres Schöpfers. Es ruft eine unglaubliche Glückseligkeit in mir hervor. Ich fühle mich ausgeglichen und zufrieden. Ich spüre, daß ich selbst alles SEIN bin. Ich gehöre den Steinen und dem Wasser. Ein ungeheures Gefühl – eine Seligkeit. Gott selbst könnte sich nicht besser fühlen.»

Und er hatte gemeint, Worte seien nicht seine Stärke!

Eines Tages früh am Morgen, als die ersten Sonnenstrahlen die Nebel durchbrachen und die zart-feuchten Schleier in höhere Regionen verbannten, ging ich zum Fluß hinunter. Ich suchte diesmal einen anderen Platz auf. Es gab keinen bestimmten Grund dafür, ausgenommen vielleicht den Schwarm Fliegen, der mich begleitete. Ich setzte mich auf einen umgestürzten Baumstamm, der tief im Schatten lag. Es war ein geschicktes Manöver, denn die Fliegen suchten immer noch nach der warmen Morgensonne und verließen mich daraufhin schnell.

Meine Gedanken wanderten zu meiner Mutter, die am unteren Ende der Welt lebt. Es machte mich traurig, daß sie mit zunehmendem Alter mehr und mehr unter Arthritis zu leiden hatte und wohl kaum Gelegenheit haben würde, eine Szenerie wie diese hier zu bewundern. Eine Kiebitz-Familie flog vorbei und unterhielt sich mit schrillen Schreien, während sie dem Flußlauf folgte. Ihre Rufe hatten nichts Warnendes an sich, als sie den neuen Tag begrüßten. Äschen sprangen im Fluß, während sich Süßwasserheringe anstrengten, ihre größeren Rivalen zu übertrumpfen und wie Quecksilber an der Morgensonne aufblitzten. Eine Fächerschneppe flog vom gegenüberliegenden Ufer auf und landete nur eine Armeslänge von mir entfernt auf dem Baumstamm. Mit wippendem Schwanz saß sie da und sah mich einen Moment lang aus ihren kleinen, glänzenden Augen an, wohl überlegend, ob ich eine Bedrohung darstellte oder nicht. Mit einem abschließenden Schwung der Schwanzfedern flog sie wieder auf, ruhig und doch hatte ihre Anwesenheit irgendwie lärmend gewirkt.

Vor mir tat sich ein strahlender Morgen auf. Ich war von dem Wunsch beseelt, dieses wunderbare Szenario aufzurollen und den magischen Augenblick einzufangen, um ihn in einem hübschen kleinen Päckchen meiner Mutter nach England zu schikken, damit sie das Privileg dieser Freude mit mir teilen konnte. Allein diese Vorstellung! Beim Öffnen des Päckchens würde sich vor ihren Augen eine der schönsten Landschaften Australiens entfalten. Ein klarer, glitzernder Fluß, noch ganz frisch vom ersten Regen, voll von schimmernden Fischen, die an der Sonne springen, und gekrönt wird das zauberhafte Bild noch von Kiebitzen, Schuppentannen und Careyas. Trauerweiden drängen sich um einen Platz am einen Ufer, während glatte Kiesel einen freundlichen Strand auf der gegenüberliegenden Seite bilden. Meine Mutter würde das gurgelnde Kichern des Wassers hören, das die stillen Tiefen des langsamen Flußlaufes hinter sich läßt und sich sprudelnd und lärmend in das flache, steinige Bett ergießt, während die leise Berührung des Eisvogels elektrisch blau aufblitzt, wenn er auf dem Wasser landet und diesem Geschenk der Natur eine weitere Dimension der Schönheit hinzufügt.

Tau, der in glitzernden Perlen an unzähligen Grashalmen hängt, wo sich in jedem Tropfen ein winziger Regenbogen spiegelt, in seiner Frische viel reicher als irgendein begehrtes Juwel, das für auskristallisiertes Alter steht – all das würde meine Mutter sehen. Aus irgendeinem Grund weiß ich, während ich diese Schönheit bestaune und meine liebevollen Erinnerungen an sie in meinem Herzen wachrufe, daß sie in einem geheimen Winkel ihrer Seele dieses Geschenk erkennt und daran teilhat.

Ich saß eine Weile im Schatten, während mir die Erinnerungen an meine Eltern durch den Kopf gingen. Bestimmte Episoden hatten mich mit Freude und Begeisterung erfüllt, andere wiederum mit Bedauern, doch all das war geprägt vom Stempel der Unvermeidlichkeit, als ob das Schicksal seinen Lauf ginge, gleichgültig, was sich ihm in den Weg stellt. Steht es uns frei zu wählen? Oder besteht diese Freiheit darin, daß wir überhaupt keine Wahl haben?

Wenn wir in einem Bezugsrahmen von Ursache und Wirkung leben, heißt das nun, daß wir die Auswirkungen ertragen müssen, bevor wir die Ursache ändern können, um eine andere Wirkung zu erzielen? Mit anderen Worten: Ist unsere Wahl aufgrund vergangener Ursächlichkeit vorherbestimmt, was bedeuten würde, daß man eigentlich keine Wahl hat? Der Schatten verschwand lautlos, als ich den Baumstamm hinter mir ließ, um zum Haus zurückzugehen und zu frühstücken. Nachdem ich das Gatter geschlossen hatte, hielt ich an unserer schattigen Laube inne, wo Reihen von Zikadenpalmen eine Bank ganz für sich in Anspruch nahmen. Als ich die Laube betrat und die jungen Palmen betrachtete, rief meine Nachdenklichkeit erneut Erinnerungen in mir wach, diesmal an den Wald, wo ich auf die Elternpalme gestoßen war, die hier auch Burrawongpalme genannt wird. Das sind keineswegs seltene Bäume, doch diese Palme trug in der Mitte eine große zapfenförmige Samenkapsel. Ein versuchsweises Ziehen, und ich hatte die Samenkapsel samt ihrem Gewicht von fünfundzwanzig Kilogramm in Händen.

Jeder Same hatte etwa die Größe einer Kastanie, und alle hundertfünfzig Samen hingen bauchig und schwer an dem kräftigen, dicken Mittelstamm. Mit Hilfe meiner Freunde, die mich begleiteten, wickelten wir die stachelige Kapsel in mein Hemd und wechselten uns beim Nachhausetragen ab. Innerhalb weniger Wochen lösten sich die Samen, die von unerwartet kräftiger, orangeroter Färbung waren, aus der Kapsel. Ich verteilte die Samen anschließend in engen Reihen in einige flache Kästen, die mit Humus gefüllt waren. Ihr helles Orange wurde bald zu einem stumpfen Braun, und für die nächsten achtzehn Monate lagen sie scheinbar leblos da. Wir hatten die Samenkapsel am Ostersonntag im April gefunden, und erst im November des darauffolgenden Jahres brachen lange Pfahlwurzeln aus den schlummernden Samen hervor. Treenie und mir war klar, daß bald mehr Aktivität von ihnen ausgehen würde, als wir uns daran machten, sie in große Pflanzsäcke aus Plastik umzusetzen. Während wir daran arbeiteten, fühlten wir eine feine Energie von den Pflanzen ausgehen, die uns ihre Kraft und die Fülle an Vitalität erahnen ließ. Obgleich die Samen beim Eintopfen nur eine einzige Wurzel aufwiesen, streckten sich schon nach wenigen Wochen die ersten Palmwedel dem Licht entgegen, während die nußähnlichen Samen ihre gespeicherte Energie freigaben. Unter normalen Umständen werden die meisten Samen auf dem Waldboden von Tieren angeknabbert und gefressen oder in späteren Wachstumsstadien von Insekten durchbohrt und zerpflückt; nur wenige der vielen Samen würden tatsächlich zu einer richtigen Palme heranwachsen. Unter unseren Bedingungen trieben die meisten Samen jedoch aus und begannen ihr langsames Wachstum, um sich zu großen, wohlgestalteten

Palmen zu entwickeln. Neugierig überlegte ich, wie diese Pflanzenenergie wohl beschaffen sein mochte, und so sandte ich meine ersten fragenden Gedanken an ihre Intelligenz aus.

«Wo ist euer Platz im Plan des Lebens?» fragte ich.

Komm her!

Das war unmißverständlich ein Befehl, und ich war äußerst erstaunt. Ich hatte erwartet, daß das Zentrum der Palmen-Energie von den Pflanzen ausgehen würde, die vor mir standen. Statt dessen war der Befehl – wenn auch in meinem Bewußtsein und somit unabhängig vom physischen Raum – direkt hinter mir spürbar. Er ging von einer Gruppe großer Zikadenpalmen aus, die im Schatten eines Gummibaumes in unserem Garten wuchsen.

Ich ging zu den Palmen hinüber und setzte mich vor sie hin.

«Also gut», sagte ich, «da bin ich.»

Ich fühlte einen Energieschub, so als hätte sich die Präsenz der Zikadenpalmen erhöht und verstärkt.

Deine Frage hat keinen wirklichen Sinn. Auf physischer Ebene ist unsere Energie in diesem Zeitalter nicht mehr so bedeutend, wie sie einmal war. Wir gehören einer alten Art an, und unsere Ahnenkette als Palmen reicht in der objektiven Zeit sehr weit zurück.

Einst, in einer längst vergangenen Zeit, spielte unsere Energie im Übergangs- und Umbildungsstadium vieler Pflanzen eine lebenswichtige Rolle.

Ich verdaute diese Mitteilung schweigend.

«Uns erschien es besonders wichtig, diese Zikadenpalmen zu ziehen. Ich bin mir nicht sicher, warum dieses Gefühl so intensiv war. Ich frage mich nur plötzlich: Habt ihr etwas mit der ganzen Sache zu tun?»

Es ist kein Zufall, daß ihr gerade unsere Art großzieht und unsere Energie fördert. Wir repräsentieren ein großes Zeitalter der Pflanzen und der immerwährenden Veränderung. Unsere Art hat das Werden und Vergehen von Tieren und Vögeln erlebt. Wir sind mit diesem alten Bewußtsein verbunden, und selbst wenn es sich nicht mehr im physischen Sinne manifestiert, kann Bewußtsein nicht einfach aufhören zu existieren. Das mußt du begreifen. Wir sind das Bindeglied zu ausgestorbenen Arten. Durch uns kannst du mit dem Bewußtsein einer nicht mehr verkörperten Natur in Kontakt treten.

Es ist eine äußerst subtile Beziehung, und doch werden dadurch unbewußte Erinnerungen in dir wachgerufen. Längst vergessene Verbindungen zu einer uralten Vergangenheit werden wieder zutage treten und dein Bewußtsein erfüllen.

Diese Kontaktaufnahme ist von besonderer Wichtigkeit. Auch wenn du die Auswirkungen deiner Handlungsweise nicht direkt erfahren wirst, gestatte deinem Geist, das Konzept von der Verbundenheit zu überdenken, wo Vergangenheit und Gegenwart und Gegenwart und Zukunft nicht mehr voneinander getrennt sind. Stell dir all das in einer Kugel zusammengerollt vor, die weder einen Anfang noch ein Ende hat, sondern nur ein Jetzt.

Auf diese Weise bewahrt die Natur alle Bindeglieder zwischen den verschiedenen Wandlungsstadien. Und so wie die Natur alles in ihrem Bereich Liegende fortwährend verändert – physisch und metaphysisch –, so wandelt sie auch den Menschen.

Es gibt Zeiten, in denen dieser Wandel langsam, schrittweise und kaum merklich erfolgt. Manchmal werden aber auch Riesenschritte getan, die von einem entsprechenden Schock oder Trauma begleitet sind.

Bereite dich auf einen großen Schritt vor, aber sei beruhigt, denn gleichgültig wie es nach außen scheinen mag, ein solcher Sprung bedeutet immer Fortschritt.

Ich muß zugeben, ich war sehr mit Gedanken und Spekulationen über die Vergangenheit beschäftigt gewesen, als ich mich an die Palmensetzlinge gewandt hatte, aber jetzt drehte sich die intensive Energie, die mich durchströmte, ständig um die eindrucksvolle Botschaft, die meine Aufmerksamkeit in Anspruch nahm.

Bereite dich auf einen großen Schritt vor. Und wieder war die Verbindung zwischen Gegenwart und Vergangenheit spürbar, als an meinem geistigen Auge Erinnerungen aus meiner Jugend vorüberzogen.

Ich war zehn Jahre alt, als es in Granchester eine Überschwemmung gab. Ich erinnere mich lebhaft daran, daß mein Vater mit seinem geliebten Austin ganz vorsichtig die überflutete Straße am Byrons Pool entlangfuhr. Es war eine aufregende Sache, den Wagen unter so ungewöhnlichen Umständen zu waschen, wobei mein Bruder bis auf die Knochen naß wurde. Das Wasser ging wieder zurück und hinterließ in Byrons Pool Woods Schutt und stinkenden Schlamm, der von den tobenden Wassermassen angeschwemmt worden war. Ich erinnere mich, daß ich zusammen mit drei anderen Jungen den Schutt untersuchte, um zu erforschen, welche Veränderungen das Wasser mit seiner Kraft wohl bewirkt hatte, als wir nach einigem Umherstreifen an einen Wassergraben gelangten.

Heute ist mir klar, daß diese Rinne lediglich ein kleiner Bach war, der in den Wald einbog, um sich etwas weiter flußabwärts wieder mit dem Hauptstrom zu vereinigen. Im Laufe der Zeit hatte sich der Fluß durch einen Einschnitt im Wald seinen Weg gebahnt und allmählich eine etwa einen Meter tiefe Wasserrinne aus dem Boden herausgewaschen. Dieser Abschnitt lag im Schatten, und das Wasser war immer seicht und kühl, doch die großen, bunten Elritzen blitzten in leuchtenden Rot- und Blautönen im klaren, funkelnden Wasser.

Obwohl die Überschwemmung schon zurückgegangen war, schoß das Wasser als schmutzigbrauner Sturzbach durch den Graben, der sich zu unserem Erstaunen verbreitert und um etwa einen Meter vertieft hatte. Das Abenteuer lockte, und seine offensichtliche Gefährlichkeit stachelte unseren Wagemut nur noch an. Wir untersuchten die Sache genauer und stellten bald Überlegungen an, ob man den Graben wohl noch überspringen konnte.

«Natürlich kann man», stellte Lennie verächtlich fest. Obwohl er noch so jung war, zeichneten sich bei ihm bereits die kräftige Statur und der enorme Brustkorb seines Vaters ab. Bei diesem Anblick bezweifelte keiner von uns, daß er den Sprung schaffen würde. Terry ging bis zum Rand des Grabens und warf einen Blick auf das schäumende Wasser.

«Ich kann hinüberspringen.»

Das stimmte ebenfalls. Terry war ein begeisterter Athlet, der in allen Sportarten hervorragende Leistungen erbrachte und allen anderen in unserer Gruppe überlegen war, sobald es um körperliche Geschicklichkeit ging.

Eddie verdeutlichte sein Können lautstark: «Na klar, den Sprung schafft doch jeder.» Und wer hätte das angesichts seiner langen, schlaksigen Beine bezweifelt?

Aller Augen richteten sich jetzt auf mich. Ich stellte mich an den Rand des Grabens, blickte ins schmutzige Wasser und dann zur anderen Seite hinüber. «Oho!» dachte ich, «das ist ja um einiges weiter weg!»

«Kein Problem», sagte ich, «der ist gar nicht so breit.» Was angesichts meiner inneren Zweifel eine Lüge war.

Wir wandten uns um und gingen ein paar Schritte zurück, um genügend Anlauf zu nehmen. Dann begann das Springen. Eddie war der erste. Mit einem weit ausholenden, mühelosen Sprung setzte er über den Graben hinweg, wie wir es erwartet hatten. Lennie und Terry folgten ihm gleich darauf. Ich nahm Anlauf, doch knapp bevor ich zum Sprung ansetzte, bremste ich ab, so daß ich gerade noch am Rand zu stehen kam, wo ich taumelnd um mein Gleichgewicht rang. Für einen Augenblick herrschte Stille ... einen halben Atemzug lang, und dann setzten die Spottrufe ein.

Beschämt und mit brennender Röte im Gesicht machte ich kehrt, um einen zweiten Versuch zu wagen. Ich rannte schnell bis zum Graben vor und versagte wieder. Ein drittes Mal – und wieder das gleiche Ergebnis. Ich ließ den Rest des Tages über mich ergehen, war aber dankbar, als wir endlich nach Hause kamen und ich mir die verächtlichen Bemerkungen und den versteckten Hohn nicht mehr anzuhören brauchte.

In dieser Nacht lag ich stundenlang wach, gequält vom Gedanken an einen Sprung, den ich nicht gewagt hatte. Der Unterricht am darauffolgenden Tag war erträglich, denn Eddie, Lennie und Terry besuchten eine andere Schule, und so hatte niemand von meinem Versagen erfahren. Als ich mit dem Fahrrad nach Hause fuhr, nahm ich diesmal eine andere Route, die durch Granchester und an Byrons Pool Woods vorbeiführte. Ich ließ das Fahrrad an der Weißdornhecke am Eingang stehen und ging durch den Wald bis zum Graben.

Angespannt stand ich am Ufer – bereit, den Riesensprung vorwärts zu wagen. Als ich ganz ruhig dastand, ohne auf Druck oder Spott gefaßt sein zu müssen, erkannte ich, daß ich den Sprung als solchen nicht fürchtete, und doch lauerte irgendwo im Hintergrund eine vage, beunruhigende Angst. Ich starrte ins schmutzige Wasser, das durch den aufgewirbelten Schlamm bedrohlich tief erschien. Das war das Problem. Ich mußte ins Wasser sehen können, ich brauchte eine klare Sicht, um zu erkennen, was vor mir lag. Wenn ich fiel, mußte ich wissen, was mich erwartete, aber mit dem braunen, trüben Wasser schlich sich etwas Unbekanntes ein, kaum merklich und doch stark genug, um mich zu demoralisieren. Im Bewußtsein meines Versagens wandte ich mich um, nahm einen kurzen Anlauf und rannte dann auf den Graben los, um den Sprung zu tun – und er mißlang – und mißlang – und mißlang – und mißlang – und mißlang – und GELANG!

Beim sechsten Versuch flog ich geradezu über den Graben hinweg und landete etwa einen Meter vom Rand der gegenüberliegenden Seite entfernt. Ein schier unglaubliches Gefühl überkam mich. Ich hatte weit mehr als nur einen Graben übersprungen. Der Graben war lediglich ein Symbol. Ich hatte das Unbekannte bezwungen. Mein ganzes Leben lang mußte ich mich großen Sprüngen stellen und mich immer wieder über weitere unbekannte Hindernisse hinwegsetzen. Und jetzt hatte die Intelligenz einer uralten Palmenart diesen Sprung erneut von mir gefordert. Nie zuvor war das UNBEKANNTE, dem ich begegnen mußte, so groß gewesen wie jetzt. Jetzt ging es nicht mehr um einen physischen Schritt, sondern um einen Bewußtseinssprung. Ich mußte den Satz über jenen Graben hinweg wagen, der durch meine eigene Angst – die Angst vor dem Unbekannten – entstanden war.

Nachdem wir unser Nomadendasein aufgegeben hatten und an unseren jetzigen Wohnort gezogen waren, bestand unsere Tochter Tracey darauf, einen Weihnachtsbaum aufzustellen, da wir jetzt über genügend Platz dafür verfügten. Wir hatten einige Jahre in Wohnwagen zusammengepfercht verbracht und stimmten in diesem Punkt alle mit ihr überein. Also machte ich mich eines schönen Tages auf die Suche nach einem passenden Baum.

Wir haben einige hoch aufgewachsene Schuppentannen auf unserem Grundstück, und ich dachte mir, es müßte nicht schwierig sein, einen jungen Baum unter ihnen zu finden. Beim Spaziergang durch den Busch entdeckte ich auch einige kleinere Bäume, erhielt jedoch auf meine vorsorglichen Fragen immer eine ablehnende Antwort – keiner wollte in einen Topf verpflanzt werden. Ich kehrte also mit leeren Händen zu unserem Morton-Bay-Feigenbaum zurück und entdeckte ganz nahe am Stamm eine etwa einen Meter hohe Schuppentanne, die sich hier zu behaupten versuchte. Aha, dachte ich mir, angesichts des großen Baumes hat sie ohnehin keine Zukunft, also wird das unser Weihnachtsbaum. Obwohl eine Seite ein wenig schwächlich entwickelt war, erschien mir der Baum für unsere Zwecke ideal. Die Entscheidung war getroffen, und ob er nun wollte oder nicht, das war unser Weihnachtsbaum. Auf meine Frage hin zeigte sich die Schuppentanne sehr bereitwillig, und ich begann sie auszugraben.

Es war von Anfang an eine schwierige Sache. Ich war der größten Pfahlwurzel nur auf einer Länge von etwa zwanzig Zentimetern gefolgt, als sie bereits unter einer der riesigen Wurzeln der Morton-Bay-Feige verschwand. Also legte ich den Spaten beiseite und richtete meine Gedanken auf die Schuppentanne. «Es tut mir leid, aber ich werde deine Wurzel durchtrennen müssen. Das könnte dein sicherer Tod sein. Ich möchte dir eine Chance geben und schlage deshalb vor, daß du die Energie aus deinen Wurzeln abziehst. Morgen werde ich dich dann ausgraben und in einen großen Topf verpflanzen.»

Am nächsten Tag brachte ich den passenden Behälter mit, durchtrennte die Wurzel und löste die Schuppentanne aus dem Erdreich. Mit dem kurzen Wurzelstumpf und dem einzigen Büschel Nebenwurzeln sah der Baum ziemlich traurig aus, als ich ihn in den Topf setzte und das Erdreich festdrückte. Schon nach wenigen Stunden ließ er ganz matt den Wipfel hängen. Also umwickelte ich den stacheligen Stamm mit etwas dünnem, weichem Blumendraht, um den Baum zu stützen und besser für dekorative Zwecke einsetzen zu können. Der Baum wurde von den Kindern geschmückt, was ihm ein festliches Aussehen verlieh, und am Weihnachtstag dankten wir ihm durch unsere Bewunderung und Liebe für seinen Beitrag zu unserem Fest.

Nach dem Neujahrstag stellten wir die Schuppentanne an ein schattiges Fleckchen im Freien, wo sie regelmäßig gegossen wurde. Ich erwartete eigentlich, daß sie sterben würde, bevor ich sie sich selbst überlassen konnte, denn trotz des Wassers, das wir ihr gaben, hatte sie keine Wurzeln, um das lebenspendende Naß aufzunehmen. Sechs Monate später löste ich den Draht sorgsam von einem kräftigen, robusten Bäumchen, das sich in seinem Topf sehr wohl zu fühlen schien und für das kommende Weihnachtsfest bereit war. Es war Mitte November, sechs Wochen vor dem besagten Tag, als ich den Impuls verspürte, mich auf diesen Baum einzustimmen.

«Sag, haben sich die anderen Schuppentannen geweigert, unser Weihnachtsbaum zu werden, weil du einen anderen Platz zum Leben gebraucht hast, oder wolltest du speziell mehr Kontakt zu uns herstellen? Und wie hast du die Verpflanzung überlebt, die ja nahezu brutal verlaufen ist?»

Ich sah die Schuppentanne an, die ruhig und unbewegt dastand, während der Zweifel alte Wunden in meinem Bewußtsein wieder aufbrechen ließ.

Sei ruhig, mein Freund. Laß dich nicht in alte Gedankenmuster hineinziehen. Gib dem neuen Impuls nach. Der Zweifel ist ein fixiertes Muster, das Verwirrung erzeugt und dir deine Erfahrung unmöglich macht. Entspanne dich. Als Antwort auf deine Frage möchte ich dich auffordern, die physischen Aspekte einer Baumverpflanzung einmal beiseite zu lassen. Bewußtseinsmäßig bin ich von keinem der einzelnen physischen Bäume getrennt, die du ursprünglich nehmen wolltest. Man könnte sagen, jeder Baum entspricht einem Aspekt des einen *Bewußtseins. Darin liegt deine Herausforderung. Im Studium von Pflanzen und anderen physischen Lebensformen ist eurer Wissenschaft ein großer Durchbruch gelungen, aber was die feineren Lebensbereiche wie Energie oder Bewußtsein angeht, ist erst sehr wenig entdeckt und anerkannt.*

Aus diesem Grund fiel deine Wahl auf mich, denn ich als Baum konnte dir die Kraft deiner eigenen Liebe bewußt machen. Meine lange Wurzel wurde zerstört und die Verbindung zur Erde und ihren Elementen ausgelöscht. Doch in dem Zeitraum, wo ich Gelegenheit hatte, meine Energie abzuziehen, geschah dies auf einer nichtphysischen Ebene, die eure Wissenschaft nicht kennt. Wäre man mir mit Undankbarkeit, Gleichgültigkeit oder Nachlässigkeit begegnet, wäre ich bald darauf gestorben, denn meine energetische Reserve war und ist mit deiner eigenen spirituellen Energie verbunden.

Das innere Licht – die Kraft, welche deine Familie repräsentiert – wurde für mich zum Anschluß an ein Energieversorgungsnetz. Du und deine Familie, ihr habt mich am Leben erhalten. Aufgrund dieser Nahrung hatte ich genügend Kraft, einen neuen Wurzelstock zu bilden.

Ich hielt inne und ging die Worte, die aus der Stille so mühelos in mein Bewußtsein eingedrungen waren, nochmals durch. Darüber hinaus versuchte ich, die Wahrheit und Weisheit des Lebens nicht in Zweifel zu ziehen, aber mir kam doch der Gedanke, daß es nahezu unmöglich wäre, diese Erfahrung zu beweisen. Im nächsten Augenblick erfolgte auch schon die Reaktion auf diesen Gedankengang.

Beweise sind zu einer Art Besessenheit der Menschen geworden. Es ist eine Verhaftung des Intellekts, die in zunehmendem Maße zur Einschränkung anstatt zur Erweiterung des Horizonts führt. Der Beweis wird nur allzu leicht zur Verneinung des SEINS, *und darin liegt auch die Ursache vieler Tragödien. All jene, deren Herz von diesen Worten berührt wird, benötigen keinen Beweis, und all die anderen würden ohnehin keinen akzeptieren.*

So wie du meinen individuellen Reifungsprozeß als Baum niemals physisch erleben wirst, solltest du auch nicht danach streben, das Reifen jener Samen mitzuerleben, die du in die Herzen der Menschen pflanzt, die zu verstehen suchen. Bleibe offen und gelöst. Ich bin dir jeden Tag nahe, und unser Wachstum geht Hand in Hand vonstatten. Versuche deine spirituelle Energie öfter mit der des Pflanzenreiches zu verbinden. Laß uns öfter miteinander sprechen, so daß wir beide Nutzen daraus ziehen können.

Zwischen dem Platz, wo unser Christbaum immer im Freien steht, und den Zikadenpalmen haben wir eine Krepp-Myrte. Das ist ein großer sommergrüner Strauch, der in der warmen Jahreszeit prächtige rote Blüten trägt. Dieser spezielle Strauch beherbergt eine Reihe von Epiphyten (Scheinschmarotzern), hauptsächlich Geweihfarne. Er ist ein fürsorglicher Gastgeber, der in den kühleren Wintermonaten Sonne und Licht und in den heißen Sommermonaten stellenweise schützenden Schatten bietet.

Eine der Pflanzenarten, die seine Gastfreundschaft genießen, bewundere ich besonders. Sie hat viele Namen: Alter Moosbart, Salomonsbart, Langmoos; aber ich glaube, der bekannteste und zugleich irreführendste ist die Bezeichnung «Spanisches Moos». Der richtige Name lautet Tillandsia. Sie gehört zur Familie der Bromeliengewächse, ist ebenfalls ein Epiphyt und hängt in den tropischen Wäldern Amerikas in langen, silbergrauen Bahnen von den Wirtsbäumen. Eher einem grauen, buschig-flockigen Moos ähnlich, setzt sie sich aus einer Reihe winziger, miteinander verwobener Pflänzchen zusammen, die keine Wurzeln benötigen und sich von den Stoffen ernähren, die aufgrund der ständigen Feuchtigkeit ihrer natürlichen Umgebung in der Luft enthalten sind. In einem warmen Klima oder unter Glas gedeiht sie sehr gut. Obwohl sie sicherlich nicht jedermanns Geschmack ist, gefällt sie mir besonders gut. Wir ziehen das Spanische Moos auf einem alten Tannenzapfen, der als Verankerung wie auch als natürlicher Feuchtigkeitsmesser dient. Der Zapfen öffnet sich bei Trockenheit weit, bleibt aber fest verschlossen, wenn man ihn – den Bedürfnissen der Pflanze angepaßt – feucht hält. Da unser Klima so mild ist, hängt die Pflanze im Freien auf einem Baum, und zwar gut in Sichtweite, damit wir uns am Anblick ihrer zarten Schönheit freuen können. Ich nahm an, daß unser Spanisches Moos mit dieser Lösung recht glücklich war, doch eines Tages beschloß ich, es zu fragen. «Empfindest du deine Unterbringung als passend, Spanisches

Moos, ist es dir angenehm, von uns bewundert zu werden?» Auf feinstofflicher Ebene konnte ich spüren, daß sich die Energie der Pflanze verstärkte – und es war eine Energie von viel größerem Ausmaß als das kleine Moosbüschel vor mir.

Ich betrachte es als Vorzug, daß du unsere Energie als Teil deines Lernprozesses über die Vereinigung aller Wesenheiten ausgewählt hast.

Diese Worte – still und doch kraftvoll – erinnerten mich sofort daran, wie ich die Pflanze in einem Laden in Sydney gekauft hatte. Ich erinnerte mich auch, wie sehr ich mich gefreut hatte, als ich sie in dem Blumenladen entdeckte. So seltsam es klingen mag, es ist die einzige Erinnerung, die mir von diesem Besuch in Sydney geblieben ist.

Wenn ein Mensch so starke Gefühle für eine Pflanze aufbringt wie du, werden wir unweigerlich davon beeinflußt. Heute hast du herausgefunden, warum das so ist. Du besitzt das Privileg, dich bewußt und willentlich mit uns in Verbindung setzen zu können. Wir freuen uns über diesen Kontakt und werden alles in unserer Macht stehende tun, um dieses Erleben in dir zu fördern.

Während meiner Meditation am frühen Morgen war mir physisch vor Augen geführt worden, wie meine Kommunikation mit dem Pflanzenreich aussieht. Ich befand mich auf einer Lichtung in einem hellen, nicht allzu dichten Wald. Ich wurde von einer Kraft geführt und unterwiesen, die ich mit Sicherheit als den «Geist des Waldes» bezeichnen kann.

Blicke auf deine Hände und deinen Körper.

Ich hielt meine Hände vor mir hoch und sah, daß ein Licht von ihnen ausging. Es erinnerte stark an eine Aura, doch die Energie war deutlich anders. Ich konnte dieses Licht von meinem gesamten Wesen ausstrahlen fühlen.

Jetzt betrachte den Baum, der direkt vor dir steht.

Der Baum, der am nächsten stand, befand sich in etwa zwanzig Metern Entfernung. Es war eine mir unbekannte Baumart mit herrlich dunkelgrünem Laub. Doch genau wie ich strahlte der Baum Licht aus, das um seinen Stamm und seine Blätter wirbelte und sich von einer unsichtbaren Kraft gelenkt bewegte.

Sende dein Bewußtsein zu dem Baum hin. Lenke es auf den Baum und umarme ihn liebevoll.

Während ich mich noch fragend an den Baum «herantastete», schoß das Licht aus meinem Körper und meinem Wesen hervor und umarmte den Baum in Sekundenbruchteilen, wobei es sich mit der Energie des Baumes vereinte. In dieser Verbindung fühlte ich, wie die jetzt aktivierte Intelligenz der Natur den Kontakt begrüßte.

Das zeigt dir deutlich, daß eine spirituelle Vereinigung stattfindet. Jedesmal, wenn du deine Aufmerksamkeit bewußt auf eine Pflanze oder irgendeinen anderen Aspekt der Natur projizierst, drückt sich das durch die Aktivität des Lichts aus. Weder Zeit noch Raum können diese Vereinigung unterbinden. Wir haben dir die Möglichkeit gegeben, diese Wahrheit direkt zu sehen, damit du dich leichter von deinen Zweifeln befreien kannst. Innerhalb gewisser Grenzen kann Zweifel durchaus von Nutzen sein, doch wenn man ihn aus Gewohnheit weiter aufrechterhält, kann er genau jenes Strahlen zerstören, das du wahrgenommen hast.

Laß es einfach zu, daß sich deine Wahrnehmung erweitert . . . und verstehe.

Jetzt stand ich nicht nur mit einem einzelnen Baum in Verbindung, sondern mit dem ganzen Wald, es war *ein* strahlendes Licht. Meine Wahrnehmung erhob sich über den Wald hinaus, wo ich ein gemeinsames Strahlen sah, das sich aus unzähligen einzelnen Lichtern zusammensetzte, vereint und verschmolzen in einem einzigen, glühenden Leuchten. Und höher, weit über dem Wald erstrahlte ein noch stärkeres Licht ... und mehr ... hinaus, hinaus ... hinein, hinein ..., bis ich jenseits aller Vision oder Wahrnehmung wußte, daß all das Licht in einem himmlischen Strahlen verschmolz.

Als ich jetzt auf dem Rasen stand und das Spanische Moos auf seinem Wirtsbaum vor mir hängen sah, wußte ich um unsere Verbindung, und der Raum zwischen uns spielte keine Rolle.

Das Leuchten ist es, das die Kommunikation in unserem vereinten Bewußtsein darstellt. Deine Gedanken werden dadurch von uns erfaßt, und in dem Maße, wie du empfänglich wirst, kannst du uns näher kennenlernen.

Wie Luftblasen, die zur Wasseroberfläche emporsteigen, wird dir das Gewahrsein vom Höheren Selbst her zufließen. Strebe stets danach zu erkennen, *anstatt* Wissen *zu erlangen, denn das ist der Weg, den du gewählt hast. In diesem* Erkennen *wirst du unsere Energie in einem viel größeren Ausmaß als jetzt begreifen. Dieses* Begreifen *ist realisierte Erkenntnis, das lebendige Wort.* Erkennen *ist raum- und zeitlos und an keinerlei Gesetze gebunden.*

Mein Verstand gab sofort eine Demonstration seiner Unbeständigkeit, als ein bestimmter Gedanke in mir auftauchte.

«Sag, was geht da eigentlich vor? So oft folgt eine Pflanze der anderen mit einer ganzen Kette von Ideen oder Konzepten. Ist das beabsichtigt?»

Das Spanische Moos bewegte sich leicht im Windhauch.

Der einzige Grund dafür bist du selbst. So wie dein inneres Leuchten dich – nämlich dein wahres Wesen – in die Natur hinausprojiziert, so zeigen sich damit auch deine Stärken, Schwächen und Bedürfnisse.

Selbst wenn sich deine Fragen vielleicht unterscheiden, bleibt die Wurzel dafür doch meist dieselbe. Es ist also nur natürlich, wenn zur Befriedigung deiner Bedürfnisse eine Erfahrung die andere überlappt, sich aus ihr ergibt oder mit einem anderen, scheinbar vergangenen Erlebnis zusammenfällt.

Mir schwindelte angesichts dieser plötzlichen Erkenntnis. Es war eine erweiterte Sichtweise. Ich beschloß, mir eine Pause zu gönnen.

Morgen ist auch noch ein Tag ..., glaube ich!

©G. WILSON,'87

4. KAPITEL

Dezember

Es bedrückt mich, daß der Mensch die Trennung von der Natur als akzeptierte Realität hinnimmt, so weit, daß sich diese Einstellung fest etablieren konnte. Daher auch Mensch *und* Natur anstatt der Mensch *aus* der Natur. Eine Ausgabe von *Chamber's Dictionary* Mitte dieses Jahrhunderts definiert die Natur auf sehr treffende Weise als jene Kraft, welche die Welt erschafft und im Gleichgewicht hält. Ich finde diese Definition äußerst gelungen. Die Dimensionen der Erhabenheit, Größe und Zeitlosigkeit werden dadurch in unserer Vorstellung heraufbeschworen, doch gleichzeitig wird damit auch eine Frage aufgeworfen. Befinden wir uns als Menschheit jenseits bzw. über dieser Kraft, oder geht eine derartige Betrachtung so weit über unser Begriffsvermögen hinaus, daß uns diese Realität für immer verlorengegangen ist? Nach einiger Beobachtung würde man annehmen, daß die Menschheit eine Facette der Natur darstellt, eine womöglich noch nicht voll ausgereifte, latente Intelligenz. Ich verwende das Wort «latent» absichtlich. Bedauerlicherweise demonstrieren all die Kriege, an deren Gewalt wir alle mehr oder weniger beteiligt sind, die sich verschlimmernde Umweltverschmutzung und der ständig wachsende Prozentsatz geistig und seelisch überforderter Menschen in unserer Gesellschaft nur zu deutlich, daß *Intelligenz* nicht an vorderster Stelle des menschlichen Strebens steht. Im besten Fall läßt sich eine von Gier gekennzeichnete intellektuelle Arroganz erkennen. Gott sei Dank greift der normale Alltagsmensch in Krisenzeiten jedoch auf die besten Eigenschaften zurück, die dem Menschen innewohnen. Aber das genügt nicht mehr. *Wir* sind die Natur, die wir mißbrauchen. Die Verbindung mit der Natur wiederherzustellen bedeutet, in unser inneres Selbst vorzudringen, um uns mit der zeitlosen Weisheit, die in uns allen wohnt, von neuem zu verbinden. Es sind nur wenige, die keine Chance erhalten, den Kontakt zur Natur herzustellen, doch nur äußerst wenige nehmen sich für dieses Geschehen genügend Zeit. Wir sind wehleidige Hypochonder, die blind ins Nirgendwo laufen. Wie – wo – wann wird es enden? Übernehmen wir die Verantwortung für uns selbst, oder schieben wir alles auf die imaginären «anderen», von denen wir glauben, daß sie den Wirrwarr verursacht haben, in dem wir uns jetzt befinden?

Ich habe erlebt, daß dieses Verbundensein mit der Natur über die physische Verbindung hinausgeht und letztlich einen spirituellen Vorgang darstellt. Anscheinend sind wir aufgefordert, allein, demütig und verwundbar dem *Geist der Natur* gegenüberzutreten, der paradoxerweise der *Geist des wahren Selbst* ist. Es ist nicht länger nötig, von Mensch *und* Natur zu sprechen, sondern eher von der Menschheit *als* Natur. Innerhalb dieses Rahmens ergibt sich eine Verbindung – eine Verbindung der Freude –, einer Freude, die sich triumphierend über alle äußeren Belastungen erhebt und den Augenblick zur Vollendung führt.

An einem sonnigen Morgen saßen Treenie und ich mit unserer Freundin Yvonne in ihrem Wohnzimmer und plauderten. Der Raum war hell, und überall standen Töpfe mit Farnen. Eine

Wand bestand aus einer Fensterfront, die vom Boden bis zur Decke reichte und einen herrlichen Ausblick auf den nahen Regenwald bot, der sich wie ein grüner Teppich über den Hang zum New England-Plateau hinaufzog. Süß duftende Schlingpflanzen und weichblättrige Sträucher schienen nur darauf zu warten, ins Haus zu klettern und in der leichten Brise, die kaum merklich aus dem nahen Wald herbeiwehte, pochten sie mit sanfter Beständigkeit ans Fenster. Unser Gespräch verlief spannend und intensiv, aber meine Aufmerksamkeit wurde von einer kleinen, gefleckten Jade-Pflanze abgelenkt, die in einem Tontopf draußen vor dem Fenster stand. Die breite Veranda beherbergte eine bunte Sammlung verschiedenster Pflanzen, die im großen und ganzen sich selbst überlassen waren. Für die Pflanzen im Haus sah die Sache anders aus; die zahlreichen Farne gediehen aufgrund der Fürsorge und Aufmerksamkeit, die ihnen gewidmet wurde. Ich erkannte die Jade-Pflanze wieder. Ich hatte sie Yvonne vor zwei Jahren gegeben, als wir fortgegangen waren. Sie war nicht weiter gewachsen. Der Topf war groß genug, um Raum für weiteres Wachstum zu bieten, aber sie fristete ein kümmerliches Dasein – sie war verkrüppelt, aber zäh und immer noch am Leben.

«Wie würde es dir denn gefallen, wenn ich aus dir einen Bonsai machte?» fragte ich auf geistigem Wege.

Die Energie der Pflanze intensivierte sich augenblicklich.

Das wäre mir äußerst angenehm. Meiner Form nach bin ich bereits ein Bonsai.

Ich sah Yvonne mit einem unschuldigen Lächeln an.

«Magst du diese kleine buntgefleckte Pflanze da draußen?» fragte ich sie.

«Möchtest du sie?»

Bei Yvonne kann man nicht um den heißen Brei herumreden. Ich wußte, daß jegliches «Äh» oder «Ähem» sinnlos war. Klarheit und Ehrlichkeit waren in diesem Fall angebracht.

«Ja, ich möchte sie. Ich würde gerne einen Bonsai aus ihr machen», antwortete ich.

«Dann gehört sie dir», meinte Yvonne.

Das war also erledigt.

Ich sah mir die Jade-Pflanze nochmals an – sie war krumm, verdreht, ja beinahe grotesk. Seltsam, wenn ich früher daran dachte, aus einer Jade-Pflanze einen Bonsai zu machen, fühlte sich das immer verkehrt an. Aber diesmal war es richtig.

Am nächsten Tag versuchte ich, der Sache mit der buntgefleckten Jade-Pflanze weiter nachzugehen. Ich scheine mich zwar zu wiederholen, aber sie gehört auch zu meinen Lieblingspflanzen. Die Jade-Pflanzen-Energie verfügt über eine eigene Qualität, die eine bestimmte Reaktion in mir auslöst, einen Schwall des Wiedererkennens, das Gefühl, daß es *noch etwas anderes* gibt. Ich setzte die kleine, verkrüppelte Pflanze neben mir ab und stellte ihr die Frage, die mich am brennendsten interessierte. «Warum bist du nicht weiter gewachsen? Obwohl du ganz krumm aussiehst, fühlst du dich ziemlich anders an. Aber was ist dieses ‹Andere›?»

Bist du bereit, dein Begriffsvermögen noch ein bißchen weiter auszudehnen?

Ich seufzte. «Was kommt jetzt wohl wieder? Aber warum nicht?»

Du und ich – wir beide wissen/haben gewußt – um diesen Augenblick. Ich habe darauf gewartet, daß das geschieht. Ich bin so gewachsen, wie es für mich nötig war. Stimmt es nicht, daß du keinerlei Interesse an mir gezeigt hättest, wenn ich ein wohlgewachsenes Exemplar meiner Art darstellte?

Ich war verblüfft – es stimmte tatsächlich.

Die Raum-Zeit ist ineinander verschlungen. Sie existiert, und doch auch nicht. Zeit ist für deinen Erfahrungsbereich etwas Relatives. In deiner physischen Welt verrinnt die Zeit. In den inneren Reichen ist sie jedoch nicht existent. Es wird sein . . . es ist . . . es war, das ist alles eins. Es sind verschiedene Orte im selben Zyklus des Jetzt. Der Augenblick, in dem du mich zum zweiten Mal erhalten solltest, bestand bereits, bevor ich auch nur als jener Setzling zu wachsen begann, als den du mich einmal eingepflanzt hast.

Das läßt sich noch weiter zurückverfolgen.

Als du mich als Ableger von meiner großen Elternpflanze entfernt hast, war auch dieser Akt bereits vorher bekannt, schon bestimmt, bevor du auch nur von dieser Pflanze wußtest oder auch nur daran denken konntest, einen Ableger von einer Jade-Pflanze zu ziehen. Und so setzt sich die Kette fort – weiter und weiter zurück – weiter und weiter vorwärts; alles steht in Zusammenhang – keinerlei Zufall – keine Beiläufigkeit; die Wahl wird getroffen – obwohl es keine Wahl gibt.

«Moment mal, warte ein bißchen. Die Wahl, obwohl es keine Wahl gibt, das kommt mir bekannt vor. Aber daß man diesen Gedanken auf eine so weltliche Handlung wie das Ziehen eines Ablegers vor vier Jahren anwenden soll, erscheint mir geradezu lächerlich.»

Ich hatte meine Ungehaltenheit deutlich zum Ausdruck gebracht, aber die Jade-Pflanze fuhr fort, als wäre sie gar nicht unterbrochen worden.

Es kommt immer eine höhere Wahrheit zum Ausdruck. Eine weit größere Intelligenz als das, was der Mensch als Intelligenz bezeichnet, bewahrt in einer scheinbar chaotischen Welt die Ordnung.

Der Mensch behauptet, Intelligenz drücke sich als Denkvorgang aus, während er in Wirklichkeit nur den Intellekt mißt. Sogar die scheinbare Bedrohung des Gleichgewichts auf diesem Planeten durch den Menschen ist nichts weiter als eine Bewegung in einem unverstandenen Traum.

Nein, selbst die Wahl, die der Ableger einer vergessenen Jade-Pflanze in den weiten Ebenen Australiens trifft, ist kein beiläufiges Ereignis und auch kein Zufall. Ich bin gewachsen, wie ich gewachsen bin. Ich bin dem Wachstumsmuster gefolgt, das für mich das vollkommene war.

Intelligenz IST.

Die Intelligenz entscheidet, wer oder was einem Muster der Deformation folgen soll, einer Travestie dessen, was du als vollkommen bezeichnen würdest. Auch wenn die physische Form verunstaltet oder verkrüppelt erscheinen mag, gibt es keinen Fehler, denn in der unendlichen Suche nach der Wahrheit, der Erweiterung und dem Gleichgewicht ist in einer solchen Schwierigkeit ein Geschenk enthalten. Es ist eine sehr seltene Gabe, die sich dahinter verbirgt.

Akzeptiere eine bescheidene, verkrüppelte Jade-Pflanze. Meine Andersartigkeit ist meine Vollkommenheit. Betrachte deine eigenen Ansichten und Denkprozesse auf gleiche Weise in dem Wissen, daß dein Erleben lediglich ein weiterer Blickwinkel des einen *Spiegels ist.*

Solange es notwendig ist, werden wir gemeinsam wachsen – ob das nun in diesem Augenblick schon beendet ist oder erst in vielen Jahren. Es wird kein Zufall sein, sondern die Wahl, die wir getroffen haben. Und das wird kein physisches, sondern ein geistiges Ereignis sein.

Die Energie beruhigte sich, und die stille Botschaft war zu Ende. Ich blieb eine Weile in dieser beschaulichen Stimmung sitzen. In den letzten Tagen hatte ich mich bedroht gefühlt. Ich hatte mich gefragt, ob meine Erfahrungen mit Pflanzen – daß ich ihnen zuhören und mit ihnen reden kann – echt oder nur eingebildet waren. Auch mit Treenie hatte ich mich darüber unterhalten, wobei ich keine Antwort von ihr erwartete – es gab nichts zu fragen –, sondern Ehrlichkeit, da ich hoffte, ihre Einsichten könnten mir meine eigene Klarheit wieder vor Augen führen. Ich hatte Yvonne in der vagen Hoffnung besucht, daß mir unsere Gespräche dabei helfen würden, die versteckte Bedrohung von ihrem Standpunkt aus zu sehen; statt dessen... kam ich mit der Jade-Pflanze nach Hause.

Vielleicht war es das. Ich spürte Erregung in mir aufsteigen. Vielleicht war die Jade-Pflanze die Antwort. Eine Antwort, die mir vier Jahre, bevor ich die Frage kannte, gegeben worden war. Vielleicht... wenn... aber..., mir schwindelte unter dem plötzlichen Ansturm so vieler neuer Ideen. Erstaunlicherweise stellte sich heraus, daß ich die Worte der Jade-Pflanze voll und ganz akzeptieren konnte, obwohl sie mich mit der ganzen Wucht dieser Pflanze getroffen hatten. Ich fühlte mich wohl. Die Bedrohung war verschwunden. Ich überlegte. Was hatte sich verändert? Warum konnte ich all das in diesem Moment akzeptieren, während ich mich in einem anderen Augenblick ängstlich und verwirrt zurückzog? Die innere Stimme war deutlich hörbar.

Die Wahrheit gleicht einer Welle, die den Strand berührt. Hoch schießt sie empor, ihre Kraft preßt den Sand unter sich zusammen, und der Sand weiß um die Welle. Dann geht die Flut zurück. Der Sand ist trocken, und er weiß weder um die Welle noch um ihre Herkunft. Mit der Mittagssonne sind die Zweifel schon sehr stark geworden..., bis die nährenden Wellen der Wahrheit von neuem heranströmen.

Auf diese Weise fühlst du die Gezeiten von Wahrheit und Zweifel in deinem Herzen aufsteigen und verebben. Sei deshalb nicht betrübt, denn das ist für den Menschen so natürlich wie das Werden und Vergehen der Wellen auf einem Strand.

Erkenne dein Selbst als einzelnes Sandkorn an den Ufern der Menschheit. Du hast die Wahl: Entweder du läßt dich von den Wellen der Wahrheit nähren und sättigen, oder du läßt sie (wie so viele andere auch) einfach wieder ablaufen, da sie die harte Schale der Gleichgültigkeit nicht zu durchdringen vermögen.

Du kannst – allerdings nur für dich selbst – über Ebbe und Flut herrschen. Wenn die Flut zurückgeht, kannst du dich an den salzigen

Nachgeschmack der Wahrheit erinnern, und in dieser Erinnerung wirst du für immer um die Wahrheit wissen.

Ich sah meine krumme, verkrüppelte Jade-Pflanze an. Ich fühlte eine Achtung in mir aufsteigen, wie ich sie nie zuvor gefühlt hatte. Plötzlich sah ich die Pflanze mit anderen Augen, als hätte sich ein Schleier gelüftet.

Die Sonne brannte erbarmungslos von einem wolkenlosen Himmel, es war wieder ein sehr heißer Tag. Die Hitze hielt schon eine Woche lang an, was für unser Tal eher ungewöhnlich war, und so diente uns der kühle Fluß jeden Nachmittag als Zufluchtsstätte. Als die Hitze eines Nachmittags wieder ihren Höhepunkt erreicht hatte, ging ich gerade durch den Garten in Richtung Fluß.

Bitte pflück meine Blüte und entferne sie aus dieser Hitze.

Ich blieb stehen und sah plötzlich die Rosen in ihrem Mulchbeet vor mir. Die Knospe einer einzelnen roten Rose war aufgebrochen und voll erblüht. Für die Pflanze selbst war die Hitze nicht zu stark, wohl aber für die Blüte, und ich staunte darüber, daß die Rose ihre einzige wertvolle Blüte zu schützen suchte. Ich holte die Gartenschere, schnitt die Rose ab und stellte sie dann in einer schlanken, wassergefüllten Vase an einen zentralen Platz in unserem Wohnzimmer. Die Luft hier war bedeutend kühler, und der Duft der roten Rose vereinte sich freudig mit der Atmosphäre des Raumes.

Einige Tage später hatte sich die Hitze immer noch nicht gelegt, ja sie wurde sogar noch stärker, und am späten Nachmittag war es auch im Wohnzimmer unerträglich heiß. Die Rose, die unter kühleren Bedingungen noch länger frisch geblieben wäre, starb. Unter dem Einfluß der Hitze verfärbten sich die

Spitzen ihrer Blütenblätter dunkel. Ich sandte meine Liebe bewußt an die dahinwelkende Rose aus, die mich trotz ihres traurigen Zustandes in ihrer Schönheit rührte.

«Ich danke dir, sterbende Rose. Danke, daß du deinen Duft und deine Schönheit mit uns geteilt hast. Ich wünschte, wir hätten dich länger am Leben erhalten können.»

Trauere nicht um eine sterbende Rose. Ich sterbe, und doch lebe ich, denn bin ich nicht auch die Rose im Garten, alle Rosen in allen Gärten, alle Rosen in allen Vasen? Meine Blütenblätter sind ausgetrocknet, aber hätte ich eure Liebe nicht gefühlt, wäre bereits am ersten Tag alles zu Ende gewesen. Sieh doch, kein einziges Blütenblatt ist abgefallen.

Die Kraft derer, die das Pflanzenreich lieben, ist Träger einer Nahrung. Auf diese Weise hast du mich genährt. Ich singe das Lied eines schwindenden Leuchtens, doch in diesem unsichtbaren Leuchten lebe ich. Der physische Tod ist nur von geringer Bedeutung. Der Tod ist unser ständiger Begleiter, er ist in jedem Augenblick bei uns, und doch ist er bedeutungslos. Tod bedeutet: «ohne Leben», aber das trifft nicht zu. Nur die Form, die physische Hülle kann hingegeben werden.

Das Leben ist unendlich, allgegenwärtig und ständig neu im Entstehen.

Ich lebe im Leuchten meiner Blüte. Im Strahlen deines Wesens lebe ich für immer.

Unsere Energien sind vereint, und in dir bin ich heil.

Die stille Stimme schwieg, und während ich die Rose von neuem betrachtete, fühlte ich, wie sich ihre Energien sammelten. Der Gehalt dieser Bilder und Worte bedrückte mich. Vielleicht war ich einfach zutiefst berührt, die Rose spürte mein Unbehagen jedenfalls.

Zwinge deinen Verstand nicht, unsere Wahrheit in deine erstarrten Begriffe zu kleiden. Sei gelöst und offen. Laß meine Worte frei und leicht in dich einfließen.

Du brauchst nichts zu erfassen und festzuhalten. Mach aus meinen Worten kein Wissen. Belasse die Ideen in ihrer Verschwommenheit, so daß sie noch eine Verschiebung durchlaufen können, weiter eindringen und ihre eigene Energie zum Ausdruck bringen, bis sie – genau zum richtigen Zeitpunkt – eine höhere Wahrheit präsentieren.

Ich kann niemals sterben, auch als Blume nicht, denn ich bin ein Teil von dir. Eine solche Behauptung ist eine Herausforderung für dich. Trotz meiner Hinweise versucht dein Verstand sofort, all das zu erfassen und zu verstehen.

Mein Freund, laß das Herz eine Wahrheit erkennen, die der Verstand noch nicht zu fassen vermag. Erklärungen werden dabei sinnlos. Das Wissen, das nur auf einer physischen Realität begründet ist, kannst du beiseite lassen. Du mußt dich auf eine andere Welt einstimmen, eine Dimension, die innerhalb und zugleich außerhalb deiner eigenen liegt.

Nimm die Dinge von Herzen an, auch wenn der Verstand unterdessen rebellierend im Käfig seiner Gedankengebilde umherwandert.

Wenn du eine physische Realität erfährst, akzeptierst du sie und glaubst daran, weil du sie sehen kannst. Verweigere dich einer ebenso gültigen Weisheit einer höheren Ebene nicht, nur weil sie unsichtbar ist.

Richte deine Zuversicht auf das Erkennen *aus. Vertraue dem Selbst. Ich werde nichts weiter sagen – ich kann dein Unbehagen fühlen.*

Bedenke: Liebe ist das Band und gleichzeitig die Befreiung.

Ich fand es ziemlich anstrengend, Bilder, Ideen, Gedanken, Gefühle und Worte in mich einfließen zu lassen, die ich nicht leicht unterbringen konnte. Sie paßten nicht in mein Weltbild. Ich fühle mich oft wie jemand, der allein auf einer winzigen Insel steht. Die Insel besteht aus den mir bekannten und akzeptierten Ansichten, also aus dem, was jedermann als real erachtet. Welle für Welle beginnt das Unbekannte, das Nichtbeweisbare, meine Insel wegzuschwemmen, so daß ich den Boden unter den

Füßen verliere. Ich habe den Eindruck, daß unsere allgemein akzeptierten Wahrheiten in etwa so fest wie Sand sind. Es scheint mir so, als müßte ich den Felsen einer höheren Wahrheit erklimmen, wohl wissend, daß ich – sobald ich mich sicher fühle – wiederum auf den nächsthöheren steigen muß, auf dem neue Regeln gelten. Erst jetzt begreife ich allmählich, daß ich mir den schwierigsten Schritt meines Lebens vorgenommen hatte – mich voller Vertrauen in unbekannte Gewässer vorzuwagen. Doch der Reiz durchzuhalten ist stärker.

Endlich war die Hitzewelle vorüber. Die Wolken, die sich tagsüber angesammelt hatten, glitten langsam und schwer über das Tal. Regenwolken hingen bedrohlich über mir, als ich am Fluß anlangte, diesmal nicht um zu schwimmen, sondern um in das dort wartende Bewußtsein einzutauchen. Ich saß da, das aufgeschlagene Tagebuch auf den Knien, und sandte mein Bewußtsein auf den Fluß aus. Mit dem Wortstrom kam gleichzeitig ein leichter Nieselregen auf, den der Wind flußaufwärts herbeiwehte.

Deine Hoffnung, die mit Erwartung nur so geladen ist, dämpft unsere Kommunikation auf dieselbe Weise wie der Regen deine Fähigkeit zu schreiben.

Meine Feder, die sich über das Papier bewegte, formte nur halbe Wörter und Satzfetzen. An den Stellen, die feucht geworden waren, blieb nichts von dem, was ich zu schreiben versuchte, auf dem Papier haften.

Nun, mein Freund, wenn du dich voll erwartungsgeladener Hoffnung auf uns einzustimmen versuchst, wirkst du auf uns wie die feucht gewordenen Seiten deines Tagebuchs, da du nur einen Bruchteil dessen aufnehmen kannst, was wir dir zu übermitteln suchen.

Ich zog mich verzweifelt zurück.

Im trüben Spiegel der Selbstbetrachtung konnte ich einen kurzen Blick auf meine unterbewußten Erwartungen erhaschen. Entmutigt und schweren Schrittes kehrte ich zum Haus zurück, während mich der Regen völlig durchnäßte. Ich warf mein Tagebuch auf den Schreibtisch und setzte mich nachdenklich hin. Wie sollte ich Gedanken bewältigen lernen, von deren Existenz ich nicht einmal wußte? Es war ein geradezu lächerliches Problem. Was war zuerst da – die Henne oder das Ei? Wenn Erwartungen auf bestimmten Gedankenmustern beruhen und Hoffnung eine unbewußte Aktivität des Verstandes ist, wie kann ich diesem Kreislauf dann entrinnen? Als ich aus dem Fenster sah, bemerkte ich, daß es aufgehört hatte zu regnen. Aus irgendeinem Grund erschien mir das wie eine spöttische Geste der Natur, die sich über meine Versuche, ihre Weisheit auf Papier zu bannen, lustig machte. Die stillen Worte des Flusses drangen aufrichtig und offen in meinen verwirrten, aufgewühlten Geist ein.

Wir verspotten dich nicht. Du kannst dich tatsächlich glücklich schätzen, daß dir das Leben eine so perfekte Spiegelung deiner Erwartungen gezeigt hat. Das Donnergrollen in deinem Unterbewußtsein verursacht Störungen im Fluß, der zwischen uns besteht. Du bist dir der Kraft der Gedanken noch nicht wirklich bewußt. Gedanken stellen eine ungeheure Kraft dar, wenn sie konzentriert und gelenkt werden. Unterdrückte und unbewußte Gedanken oder Sehnsüchte rufen eine Verzerrung jener Klarheit hervor, die wir zu vermitteln suchen.

Ein unterbewußtes Gedankenmuster stellt eine Unterbrechung zwischen uns dar. Bevor du fähig bist, die volle Kraft konzentrierter Gedanken einzusetzen, mußt du sie klären, reinigen und verfeinern.

Denkmuster, die von Verwirrung, Einengung und Unterdrückung geprägt sind, stellen eine Gefahr für den Denker selbst dar, da sie immer bestrebt sind, ihn zu beherrschen. Gedanken sollten nicht eingekerkert werden. Blicke in die Verliese deines Bewußtseins und befreie all die eingeschlossenen Gedanken. Laß sie los. Erhebe keinerlei Ansprüche auf sie. Sei ihretwegen nicht beschämt, sondern laß sie einfach frei.

Damit das gelingt, mußt du die Gedanken anerkennen, deren du dich schämst. Akzeptiere ihre Existenz. Sprich sie wie einem liebevollen Freund gegenüber laut aus, oder sprich sie in die Stille hinein. Auf diese Weise werden sie befreit und können dich durch ihre unausgesprochene Täuschung nicht mehr in ihrem Bann halten.

In der Befreiung der Gedanken wirst du auch deine eigene Befreiung finden. Durch die Freisetzung der Gedanken, die damit in dein Wachbewußtsein treten, wirst du das Denken meistern.

Nach diesem Zwiegespräch war ich verwirrt und ziemlich aufgewühlt. Eine Art Schock saß mir immer noch in den Gliedern. Ich war mir meiner Erwartungen und eingekerkerten Gedanken nicht bewußt gewesen, aber – um ehrlich zu sein – über die Schatten, die tief in meinem Inneren hin- und herhuschten, wußte ich durchaus Bescheid. Ich wollte keine Gefangenen in den Zellen meiner Denkmuster festhalten, aber ich war mir nicht sicher, ob ich sie freilassen konnte bzw. was geschehen würde, wenn ich es versuchte.

Der Tag traf auf die Nacht und verschmolz mit ihr, doch am nächsten Morgen lastete eine Wolke schwer auf mir. Die unterbewußte Verhaftung an längst vergangene Ängste fesselte sie an mich. Ich begriff, daß eine Vergangenheit, die mit ungelösten Problemen beladen ist, immer gegenwärtig bleibt, und man wird ständig an sie erinnert, bis man die Fähigkeit entwickelt hat, seine Probleme zu lösen. Durch diese Handlungsweise bringt man die Vergangenheit zur Ruhe.

Die Gedanken glitten mit täuschender Leichtigkeit durch mein Bewußtsein, als ich in die ersten Strahlen der noch tiefstehenden Morgensonne blinzelte und einen Blick auf den Gummibaum warf, der in der Nähe stand.

Wenn ich nur nie wieder von Zweifeln geplagt würde! Trotz meiner pessimistischen Gedanken konnte ich das Bewußtsein des Baumes in meinem Geist lebendig und wach werden fühlen. Wenn ich mit dem, was ich wußte, doch nur Frieden schließen könnte!

Es tut mir wirklich sehr leid, mein Freund. Wir können dir keine Beweise liefern. Was brauchst du denn? Würde ein von uns geführtes und aufgezeichnetes Gespräch, das gleichzeitig noch von einem Dutzend oder sogar von tausend Leuten angehört wird, deine Bedürfnisse befriedigen?

Oder wärst du dann nur eines von vielen verwirrten Opfern, die nach weiteren Beweisen suchen? Nur indem du begreifst, wer du bist, wirst du Frieden finden. Aufgrund dieser Erkenntnis wird sich der Beweis als ein Geschenk enthüllen, das nur von jenen benötigt wird, die die Realität ihres eigenen Lebens nicht akzeptieren können.

Der Zweifel hindert dich, dein Selbst zu akzeptieren. Ich brauche dir nicht zu sagen, daß der Zweifel ein Schloß an der Pforte zur größeren Wirklichkeit, zu erweiterten Möglichkeiten ist. Der Zweifel ist jener Teil des Verstandes, der darum kämpft, die Kontrolle zu bewahren. Der Zweifel versucht zu spekulieren und aus der Spekulation heraus einen bekannten Weg zu beschreiten.

Es ist unmöglich, so vorzugehen und gleichzeitig in ein höheres Bewußtsein einzutreten. Da gibt es keinen Platz für Zweifel, keinen Raum, in dem der Zweifel seine Ängste ausdrücken könnte. Der Zweifel zerstört die Zuversicht. Die Zuversicht kennt kein Wissen und strebt auch nicht nach Wissen, denn in der Zuversicht selbst ist der Augenblick vollkommen.

Der Weg des Vertrauens ist eine Reise, die über Raum, Zeit oder dimensionale Begrenzungen hinausgeht. Der Verstand kann nicht sondierend vorauseilen, um den Weg zu erkunden. Ja, man kann ihn weder durch die Peitsche noch durch bestimmte Techniken, sondern nur durch das Vertrauen beherrschen. Es geht um das Erkennen *im Augenblick.*

Bitte versteh das richtig. Die Vergangenheit ist bekannt, während das Erkennen *nur im Augenblick, dem ewigen Jetzt geschieht.*

Kannst du eine Herausforderung von solcher Größe annehmen?

Kannst du auf die Gesellschaft der großen Herde der Zweifler verzichten, um ein einsamer Hirte des Vertrauens zu werden?

Ein leichtes Unbehagen überkam mich. Es stand nicht unbedingt mit den Zweifeln in Zusammenhang, sondern eher mit einer vagen, inneren Unruhe, die ich nicht identifizieren konnte. Ich beschloß, sanft mit mir umzugehen, anstatt in mein Inneres zu starren und die dort lauernden Gefühle hervorzuzerren und zu früh ans Licht zu holen. Ich fühlte die Zuneigung, die mir dieser Baum, ja die Natur selbst entgegenbrachte. Die stille Antwort überraschte mich.

Sieh doch einmal, um wieviel leichter es dir jetzt schon fällt, das Vorhandensein einer höheren Wahrheit anzunehmen. Du kämpfst nicht mehr wochen- und monatelang gegen die belastende Logik des Zweifels an.

Gib dich für den Augenblick damit zufrieden, daß du die Anwesenheit einer höheren Wahrheit akzeptierst. Sie wird sich in dein Bewußtsein einfügen und dich zum richtigen Zeitpunkt umhüllen und erfassen.

Ja. Ich fühlte, daß es so war. Ich wurde nicht mehr eine schmerzerfüllte Woche um die andere von Zweifeln geplagt. Der Zweifel war immer noch ein wildes Raubtier, aber seine Zähne waren bereits stumpf, und er konnte mein Vertrauen nicht mehr zerfleischen und zerreißen. Und doch lag er ständig auf der Lauer und knurrte mir seine Drohung aus dem Hintergrund zu. Ein Gefühl der Dankbarkeit überkam mich, denn ich wußte, daß ich das ganze letzte Jahr über Hilfe erhalten hatte, ja daß ich beinahe wie ein Kind umsorgt worden war.

Ich ging die aufgezeichneten Ereignisse im Geist durch. Es war ein Jahr des Schmerzes, der Konfrontation und der Entscheidung gewesen. Entweder setzte ich meinen längst gewählten Weg fort, oder ich mußte mich völlig von all dem abwenden.

Aufgrund von Verwirrung und Zweifel zu zögern bedeutete, noch tiefer in Stagnation und Mutlosigkeit zu versinken.

Ich seufzte: «Ich bin so froh, daß das Schlimmste schon hinter mir liegt und die Entscheidung getroffen ist.»

Gut, daß du dir der Hilfe bewußt bist, die dir zuteil geworden ist. Eines Tages wirst du wissen, daß dein Schmerz auch der unsere war, deine Verwirrung unser Mitgefühl, dein Zweifel unsere Sorge.

Wir haben unser Reich auf dich ausgedehnt, um einen Bund zu besiegeln. Dadurch kann die gegenseitige Hingabe wachsen, zur Blüte gelangen und schließlich Früchte tragen. Wir werden uns eines Tages auf anderen Ebenen begegnen. Wir werden in einem so hellen Leuchten aufeinander treffen, daß sich dir die Wahrheit für immer unverhüllt zeigen wird.

Ich war einige Tage lang von einem seltsamen Gefühl der Desorientierung erfüllt. Es schien, als hätte ein Teil tief in meinem Inneren einen Riesenschritt getan, während mein übriges Selbst nicht wußte, wie und wo dieser Schritt zu vollziehen war.

Da war eine innere Unruhe, ich fühlte mich nicht im Gleichgewicht. Das Unvermeidliche geschah: Eine Erkältung, beginnend mit den typischen Halsschmerzen, kündigte sich an.

Das war gestern.

Heute machte sie sich bereits deutlich bemerkbar. Die Drüsen schwollen an, die Stirnhöhlen waren verstopft, und hinter den Augen fühlte ich einen leichten Schmerz pochen. Jetzt hatte ich eine Entschuldigung, um mich zu verstecken und mich eine Weile dem Selbstmitleid hinzugeben. Es gibt nichts Besseres als Grippe oder eine Erkältung, wenn man einer Sache aus dem Weg gehen will!

Auf meine Bitte hin ging Treenie zur Apotheke, sobald sie offen war, und kam mit einer Schachtel Halspastillen zurück, die sie mir mit einem bemerkenswerten Mangel an Mitgefühl aufs Bett warf.

Während sie abwesend war, war *etwas geschehen*.

Ich hatte zum zweiten Mal Richard Bachs *Illusionen* gelesen, etwa zwei Jahre, nachdem ich zum ersten Mal auf das Buch gestoßen war. Das Buch wirft einige Fragen auf. Wo ist die Grenze zwischen Realität und Illusion? Wer entscheidet, was real und was unwirklich ist? Gehen wir alle von einer gemeinsamen Anschauung aus, oder kann jeder seine unabhängige Sicht von der Welt haben, zwar isoliert, aber trotzdem real? Wieviele unserer Erfahrungen bestehen aus Illusionen, die auf unserem Vorverständnis von Realität aufbauen?

Ich habe gesehen, wie sich ein Mann eine lange Nadel in den Arm stach. Es war kein Trick, es war tatsächlich eine Nadel. Er fühlte offensichtlich keinen Schmerz. Er war nicht in Trance. Er hatte sich selbst beigebracht, wie es möglich ist, seine Identität aus seinem Arm oder einem beliebigen anderen Körperteil abzuziehen. Daher spürte er keinen Schmerz in einem Arm, der nicht der seine war. Stechen Sie mir die Nadel in den Arm und ... SCHMERZ. Wer hat nun die richtige Realität? Und wer lebt in der Illusion?

Ich weiß jedenfalls, was mir angenehmer ist. Ich überflog den Begriff der Einschränkung. Wir werden durch die Konditionierung unserer Gedanken eingeschränkt; von dem, was wir glauben, erreichen zu können; durch Dinge, von denen wir annehmen, daß sie uns die Zustimmung unserer Mitmenschen sichern, wodurch wir unser Selbstwertgefühl festigen – eine weitere Illusion. Und so weiter und so fort ...

Während ich mich allmählich durch dieses Gewirr düsterer Gedanken hindurchkämpfte, tauchte plötzlich ein Licht auf, das rasch näher kam und mir die Erleuchtung brachte. Irgend etwas machte «klick» ... es war ein großer Schritt ...

Wenn all das, was ich mit der Natur erlebe, eine Illusion ist, die nur meiner Phantasie entspringt – dann ist das durchaus in

Ordnung. Es macht mir Spaß. Wer hat etwas Besseres zu bieten? Vergiftete Nahrung und verschmutzte Luft? Ist das besser? Den Glauben an Tod, Angst und Gier aufrechtzuerhalten – sind das vielleicht bessere Grundlagen? Eine dogmatische Religion mit einem urteilenden Gott? Ist das besser? Meine Erfahrungen sind erhebend, erweiternd, liebevoll, kreativ und intelligent. Wer kann mir eine bessere Realität – oder Illusion – anbieten? Wenn ich eine tiefe Liebe für alles Lebendige empfinde und spüre, daß diese Liebe von der Natur erwidert wird, wer hat da noch eine bessere Illusion zu bieten? Wenn ich Liebe und Mitgefühl für die Menschen entwickle, wenn ich genau das tue, was ich tun möchte und dabei glücklich bin, wer könnte mir noch mehr bieten?

Plötzlich traf es mich wie ein Schlag. Wogegen kämpfe ich an? Kämpfe ich gegen das Angebot von Liebe, Frieden, Erweiterung, Kreativität, Einsicht und Intelligenz, gegen die Möglichkeit, *mich* und das SEIN zu begreifen? Weswegen kämpfe ich dagegen an? Will ich weiterhin am allgemeinen Glauben an Schmerz, Leid, Tod, Mühsal und Krankheit festhalten und annehmen, der Mensch sei Opfer seines Unglücks – wenn ich weiß, daß ich sein kann, wer ich bin, wo ich bin und wann ich bin? Genau ... *jetzt.*

Nachdem mir Treenie die Halspastillen aufs Bett geworfen hatte, nahm ich eine davon ... und *wußte.* Ich leugne nicht, daß es in der Alltagsrealität Schmerz, Angst, Zweifel und Sorge gibt, aber ich bin auch nicht gezwungen, an einer solchen Anschauung festzuhalten und damit die kreative, intelligente Liebe der Natur zu verneinen. Ich beschloß, daß Schmerz, Leid, Angst und Zweifel für mich ein Ende haben sollten. Wir alle haben die Wahl. Ich will keine Erkältung und keinen schmerzenden Hals. Ich brauche weder die Erkältung noch die Halsschmerzen. Das habe ich alles schon ausprobiert. Jetzt brauche ich es nicht mehr. Ich bin frei. Ich nehme meine Erlebnisse an. Ich glaube an meine Erlebnisse. Ich weiß, was ich weiß. Ich kann mein Geschenk zur

Bereicherung des Lebens auf den Seiten dieses Buches anbieten, aber es spielt keine Rolle, wie viele oder wie wenige es annehmen. Ich will es. Mir macht es Spaß. Mit dem Gefühl freudiger Erregung kletterte ich aus dem Bett. Ich wußte, daß mir ein Durchbruch gelungen war. Ich ahnte zwar noch nicht, wohin er führen sollte, aber der Schritt allein war schon genug. Um diese Erkenntnisse öffentlich bekannt zu geben und dadurch auch verwundbar zu werden, erklärte ich Treenie und der übrigen Familie, daß ich keine Halsschmerzen und keine Erkältung zu haben gedächte. Dann erzählte ich ihnen von dem, was mit mir geschehen war. Sie begrüßten den Großteil meiner Worte mit einem unterdrückten Schmunzeln und einem abwartenden Gesichtsausdruck.

Jetzt ist der Tag zu Ende, und ich sitze hier bei meiner Jade-Pflanze. Während ich diese wunderbare Pflanzenenergie beschreibe, habe ich keine Erkältung und keine Halsschmerzen mehr. Es dauerte ungefähr dreißig Minuten, bis alle Symptome gänzlich verschwunden waren. Das macht Spaß!

Der kleine, dunkelblaue Bonsai-Topf war das ideale Gefäß. Ich war beinahe ein wenig stolz, als ich auf die Jade-Pflanze blickte, die, eine lange Wurzel lässig über einen kleinen Flußkiesel gelegt, in dem Topf wuchs, als wäre sie nie woanders gewesen. Die Jade-Pflanze und ich hatten uns bewußt zusammengetan und so die ideale Möglichkeit gefunden, unsere Synthese zum Ausdruck zu bringen. Die krumme, verdrehte Gestalt, die in ihrem vorherigen Topf häßlich ausgesehen hatte, wurde zur absoluten Schönheit. Sie war beinahe schon zu vollkommen.

Ich lenkte meine Gedanken auf die Jade-Pflanze. Sie würde zuhören und würde mich verstehen.

Hörst du das Lied unseres Triumphes? Spürst du, wie das kosmische All in deinem Wesen aufsteigt? Wir freuen uns mit dir, mein Freund.

Du bist im Begriff, jene Schritte zu tun, die dich zum Meister deines Schicksals machen. Sonst wärst du nur Treibholz, das oben am Strand der Hilflosigkeit angeschwemmt wird und allen Vorübergehenden ausgeliefert ist. Verstehst du unsere Vereinigung jetzt? Die Zeit zwischen der Zeit hört auf zu existieren. Ich singe in deinem Herzen, denn du bist mein Schöpfer.

Weite dein Bewußtsein noch mehr aus und verstehe. Du warst es, der mich geschaffen hat, damit ich dir sagen kann . . . du bist Schöpfer. Du, aus der Menschenwelt.

Durch deinen Willen, deine Gedanken, deine Phantasie und deinen Glauben läßt du es so geschehen.

Da ist etwas in dir, das weiß.

In allen Menschen wohnt etwas, das weiß.

Das Leben wird sich dir jedoch nicht enthüllen, wenn du Schicht für Schicht Informationen anhäufst.

Das nennt man Wissen. Wissen ist statische Information. Das Leben enthüllt sich durch den Vorgang des Erkennens. Erkennen *ist Information in Bewegung, die frei und spontan erhalten bleibt. Die Wissenschaft ist auf Wissen fixiert, vor allem auf jene Art von Wissen, die sich mit Sinneswahrnehmungen vereinbaren läßt.*

Trotz all der Instrumente, die die Wahrnehmungsfähigkeit der menschlichen Sinne weit überschreiten, wird all das erlangte Wissen wieder in eine Sinneswahrnehmung rückübersetzt, bevor es als Information registriert werden kann.

Wenn etwas nicht gesehen, gehört, gefühlt, gerochen oder gekostet werden kann, wird es vom physischen Menschen nicht aufgenommen. Die fünf Sinne des Menschen: die vier Wände und der Deckel eures Gefängnisses. Laß sie beiseite. Eine Berührung kann feinstoffliche Formen nicht erfassen. Die Augen werden die Realität nicht erkennen. Die Ohren sind nicht imstande, das Lied des Universums zu hören. Du kannst die Nahrung der Engel nicht kosten und den Duft einer höheren Wahrheit nicht riechen. Wir freuen uns, weil du beginnst, dich der selbst auferlegten Ketten zu entledigen.

Verwende deine physischen Sinne, genieße sie, aber glaube niemals auch nur einen Moment lang, daß sie eine abgeschlossene Realität darstellen. Dein Herz weiß es – aus Erfahrung.

Glaube, glaube!

Was auch immer du glaubst – ist so.

Meine Aufregung steigerte sich. Der schmerzende Hals, die Kopfschmerzen und die Erkältung waren *wirklich* verschwunden. Waren sie jemals eine Realität gewesen, oder waren sie nur eine Illusion, die ich geschaffen hatte, um mich dahinter zu verstecken? Was es auch sein mochte, ich war Herr über diese Dinge. Ich war aufgeregt, denn ich hatte das nie zuvor erlebt. Was ist Illusion? Was ist wirklich? Eines weiß ich mit Sicherheit – ich weiß nicht, wohin ich gehe, aber ich bin bereit, die Reise zu genießen. Erweiterung – Liebe – Kreativität – Natur – Erkennen. Hat irgend jemand etwas Besseres anzubieten?

Die Zeit vergeht, doch das Gefühl der Veränderung, der inneren Veränderung, ist nicht geschwunden. Ich spüre eine innere Lebendigkeit, ein Gewahrsein, so scharf und klar wie nie zuvor. Ich spüre, daß ich – furchtlos und ausgeglichen – am Rande einer mystischen Einsicht stehe. Auf irgendeine seltsame Weise weiß ich, obwohl mir dieses Wissen nicht bewußt ist. Ich habe keine Ahnung, wohin mich meine Verbindung mit der Natur führen wird, aber ich habe mich dieser Reise voll und ganz verschrieben, stärker als je zuvor. Die innere Erfüllung liegt auf diesem Weg, und ich mag mich nicht länger aufhalten.

Der Zweifel wirft keine grauen, melancholischen Schatten mehr auf den sonnenbeschienenen Horizont, mein Schritt beschleunigt sich auf natürliche Weise. Der Wandel ist ein offensichtlicher Bestandteil unseres Lebens. Ich sehe die Veränderung mit einer nie dagewesenen Klarheit. Jetzt kann ich dem Prozeß, in den ich eingebunden bin, vertrauen. Ich kann dem, wer ich bin, in der Gewißheit vertrauen, daß nur der vollkommenste Ausdruck der Natur/des Selbst dabei hervortreten wird. Ich habe selbst gewählt, dies anzunehmen, auch wenn die Wahl vor langer Zeit getroffen worden ist. Wie vielen von uns ist es bestimmt, eine Verbindlichkeit, die sie einmal eingegangen sind und der sie sich spirituell verpflichtet fühlen, wirklich zu erfüllen?

Ich vermute, daß es zur Zeit eine beträchtliche Anzahl von Menschen auf der Erde gibt, die ihren Weg konsequent beschreiten. Und ich glaube auch, daß in diesem Zeitalter die größte, explosionsartige Veränderung aller Zeiten im menschlichen Potential stattfinden wird, wenn sich all diese Leute bewußt mit ihrer Bestimmung im Leben auseinandersetzen. Das waren meine Gedanken und Gefühle, während ich in mein Tagebuch schrieb, und vor mir auf dem Tisch stand die Jade-Pflanze in ihrem dunkelblauen Bonsai-Topf.

Der Zeitraum, über den du nachdenkst, ist vorherbestimmt.

Und zwar nicht von einem allmächtigen Gott, sondern von der Menschheit selbst. Überdenke die tiefe Wahrheit einer einfachen Parabel: Denn was der Mensch sät, das wird er ernten.

Du kannst aus einem Rosensteckling keine Jade-Pflanze machen – du kannst nicht Arroganz säen und Demut ernten. Das Spektrum des Lebens ist riesig.

Das Leben ist unverständlich, wenn man nur einen kurzen Zeitraum anerkennt – nämlich die Dauer eines Menschenlebens. Das Leben ist unverständlich, wenn man Erfahrung als die Gesamtsumme vieler Leben betrachtet.

Das Leben ist ein einziges, riesiges Kontinuum in der Materie, aber auch außerhalb von ihr. Ohne Anfang – ohne Ende.

Heute ist es ein Ausflug in den verdichteten Ausdruck bewußten Seins, und morgen schon ein verfeinertes Bewußtsein. Jeder Tag jedes Lebens erzeugt ein Gleichgewicht. Ohne die höheren Bewußtseinswelten würde eure physische Existenz bald im Wahnsinn enden. Was ist der Grund dafür? Könnten es zufällige Ereignisse sein?

Könnte es sein, daß das gesamte irdische Leben ein Mißgeschick oder ein Zufall von Raum und Zeit ist?

Oder hat die Menschheit möglicherweise die Wahl getroffen, zur Synthese des Lebens zu werden, wo das Physische mit dem Geistigen verschmilzt? Wenn das zutrifft, könnte es dann nicht sein, daß sich die Natur nicht außerhalb des Menschen befindet, sondern die Menschheit statt dessen reflektiert, sie in sich trägt und enthält, physisch wie auch geistig? Kann Spekulation eine Antwort bestätigen, oder erfordert sie, gelebt und erfahren zu werden und durch das Sein *zur Antwort zu werden?*

Ich starrte die Jade-Pflanze an. Das war ja beachtlich!

«Woher weißt du all diese Dinge?» fragte ich.

Wozu eine Frage stellen, wenn du die Antwort ohnehin schon weißt? Möchtest du weiterhin deine Spiele spielen? Bist du noch nicht bereit, das Erkennen *zu akzeptieren?*

«Ist ja schon gut. Ich akzeptiere es. Ich weiß, so wie du weißt. Das Leben ist eine riesige, universelle Intelligenz. Das Leben in der Natur, das Leben im Menschen: ein Leben, eine Intelligenz. Wenn du weißt, so weiß auch ich. Wir alle wissen. Dieses Wissen IST. Das Leben IST. Doch wir Menschen haben so vieles wieder wegzulassen, nicht mehr zu wissen und abzulegen. Unglaube, Zweifel, begrenzte Realitäten, hypnotische Einschränkungen, eine endlose Reihe falscher Auffassungen und konditionierter Gedankenmuster – all das ist noch ein Teil von uns, den wir zu bewältigen haben – ihr jedoch nicht.»

Ich schleuderte ihr meine Worte beinahe wie eine Herausforderung entgegen. Was für eine Ungereimtheit! Mit einem Blick auf die Jade-Pflanze erfaßte ich den unglaublichen physischen Unterschied, der zwischen uns bestand. Ich konnte sie ohne die geringste Schwierigkeit zertreten, aber im feinstofflichen Bereich ragte sie so hoch auf, daß ich sie wie einen Berg der Bewußtheit erklimmen konnte, von dem aus ein Blick in die Zukunft möglich war. Da, schon wieder – warum vorausschauen? Ich bin hier – jetzt. Das genügt.

Was du über eure Einschränkungen sagst, stimmt durchaus, auch wenn sie selbstauferlegt und daher nicht real sind. In unserem Reich scheint das Licht in unverminderter Reinheit, stets einladend und allgegenwärtig. Dieses Strahlen enthüllt uns, welchen Platz wir im großen Plan des Lebens einnehmen – das Jetzt. Für den Menschen tritt jedoch eine größere Wahrheit zutage. Ihr seid als Schöpfer geboren. Götter von vergessener Macht, Blätter, die von einem Baum gefallen sind und nicht mehr wissen, daß sie ihm angehören.

Ihr versucht zu entwickeln, was bereits entwickelt ist. *Ihr sucht zu entdecken, was bereits entdeckt* ist. *Ihr seid bestrebt, etwas in der materiellen Welt hervorzubringen, was ihr durch Erkennen zum Sein bringen könntet. Ihr versucht, eure Illusionen zu untermauern, damit ihr leichter an sie glauben könnt. Ihr entwickelt eure Schwächen und verneint dadurch den Weg der euch innewohnenden Kraft . . . und doch sind wir Eins . . . und meine Liebe umfängt euch.*

Die letzten Worte trafen mich völlig unvorbereitet. Die Liebe war fühlbar, als die Worte mit unendlicher Sanftheit in mein Bewußtsein einströmten. Es war ein Nachgeben der Energie, gepaart mit einer so überwältigenden Liebe, daß ich mich umsah, weil ich beinahe erwartete, die Materialisierung eines Naturgeistes im Raum vorzufinden. Aber nein. Alles, was ich sehen konnte, war der dunkelblaue Bonsai-Topf – und die Jade-Pflanze.

Weihnachten kam – und damit auch die gesamte Familie. Duncan, erschöpft von seinem hektischen Lebensstil, kam aus Sydney angereist. Adrian fuhr mit dem Motorrad von Melbourne los und brachte uns ein neues Familienmitglied, seine

Verlobte Jo. Die Schuppentanne wurde wieder ins Wohnzimmer gestellt, mit Lichtern und Rauschgold festlich geschmückt, und strahlte unter dieser Verwandlung. Ich bemerkte, daß sie wesentlich höher geworden war, und das hieß: noch ein Weihnachtsfest, und dann würde sie das freie Wachstum im Garten genießen dürfen.

Während der Feiertage versuchte ich mehrmals, mich wegzustehlen, um mich auf die Natur einzustimmen, doch jedesmal verloren sich meine Gedanken, die von familiären Angelegenheiten beladen waren, in den Überlegungen väterlicher Fürsorge. Mein Geist war durch den Ansturm so vieler Persönlichkeiten, die Geschwindigkeit, das Temperament und die Entschlossenheit, mit der die Kinder alles nur Mögliche aus dem Familientreffen herausholen wollten, ziemlich überlastet.

Zu meiner eigenen Bestürzung stellte ich fest, daß ich ihrem Eindringen mit Widerwillen begegnete. Ich war insgeheim verärgert, daß mich der Druck, der durch die Anforderungen der Familie entstand, von der Natur isolierte. Nachdem ich ein wenig genauer hingesehen hatte, erkannte ich jedoch den Egoismus, der hinter diesen Gedanken steckte. Da war meine Familie und die Kinder, und ich hatte nichts Besseres zu tun, als mich über die Störung eines Geschehens zu ärgern, das mit unendlicher Geduld auf mich warten würde, bis ich bereit war. Ich begriff bald, daß *ich* aus dem Tritt geraten war und dabei die Realität des *Jetzt* aus den Augen verloren hatte. Und genau so, wie unsere herangewachsenen Kinder mich brauchten, brauchte ich sie: um des Gleichgewichts und der Liebe willen, die so einzigartig menschlich sind.

Ich gab meine Zurückgezogenheit am Flußufer für die Spontaneität, den Überschwang, die Energie der Jugend und ihre Urlaubsbegeisterung hin.

5. KAPITEL

Februar

Unter Schwimmen, Angeln, Plaudern, Lachen und dem Wiedererleben des wertvollsten menschlichen Geschenks – unserer eigenen Familie – verflog der Januar im Nu. Die Schulferien füllten unser Haus mit Besuchern, mit kichernden Mädchen und lärmenden Jungen, wo ein Tag den anderen jagte und die übervolle Zeit in einem endlosen Wirbel von Aktivität rasch verrann.

Als Duncan, Adrian und Jo wegfuhren, tat es mir richtig leid, sie gehen zu sehen. In meinem Inneren fühlte ich wieder jenen Raum, der zwar niemals leer ist, aber doch unerfüllt bleibt, wenn wir die alltägliche körperliche Gegenwart geliebter Menschen vermissen.

Plötzlich und ganz abrupt waren die Ferien vorüber, und der Schulbus hielt wieder mit quietschenden Bremsen vor dem Gartentor, um Russel und Tracey, unsere zwei widerwilligen Schulgänger, abzuholen. Als sich das Leben in und um unser Haus wieder beruhigt hatte, konnte ich den Fluß besuchen gehen. Mein Gemüt, durch all das Erlebte bereichert und befriedigt, war nun ausgeglichen und ruhig. Mein Bewußtsein dehnte sich in der Stille einer zeitlosen Natur aus.

Das Wasser war jetzt nicht von den Algen getrübt, die sich im warmen Januar-Wetter stark vermehrt hatten, denn ein schwerer Sommerregen hatte das Flußbett gewaschen und geputzt, jeden Stein frisch gescheuert und poliert und die Kiesbänke mit liebevoller Sorgfalt neu angeordnet. Auch Fische waren wieder zu sehen. Die Äschen blitzten beim Sprung silbern auf, während ich mich an einer schattigen Stelle, wo nur ein paar Sonnenstrahlen durch das Laub hindurchdrangen, über mein Tagebuch beugte.

Es war heiß, sehr heiß, und die Sonne brannte erbarmungslos vom wolkenlosen Himmel. Ich sprang erst aus dem Gebüsch auf, als die Ameisen ihre dritte Attacke starteten. Ich hatte auf einen Waffenstillstand gehofft. Die kleinen Ameisen, die von der sengenden Hitze ganz wild geworden waren, hatten mich von meinem Lieblingsfelsen, vom Sprungbrett und jetzt auch noch aus dem schattigen Gebüsch vertrieben.

Schließlich saß ich ziemlich unbequem auf der abfallenden Seite eines großen Felsblocks, der im flachen Wasser stand. Ich war mir ziemlich sicher, daß sich die Ameisen dadurch geschlagen geben würden. So war es auch, doch zwei dicke Märzfliegen beschlossen nun, mich äußerst interessant zu finden und umschwirrten meinen Kopf mit monotonem Gesumm. Mit wild gestikulierenden Bewegungen scheuchte ich sie weg, da ich keineswegs erpicht darauf war, einen ihrer bösen, schmerzhaften Bisse abzubekommen. Die nächste Attacke war wirklich hinterlistig – es war ein Unterwasserangriff von einem Schwarm Stichlingen und einigen großen Flußkrebsen. Die Stichlinge waren kein Problem, aber die Krebse – autsch!

Ich gewann allmählich den Eindruck, daß ich wohl zum falschen Zeitpunkt hergekommen war – vielleicht sind Flüsse ja doch nur zum Schwimmen da. Trotz der starken Strömung war die Oberfläche glatt, während schimmernde, bunt gesprenkelte Libellen das Wasser vor mir absuchten und akrobatische Leistungen vollbrachten, die sogar die Grazie der vorbeischießenden Schwalben noch überstieg. Ein Gefühl der Freiheit erfaßte mich, breitete sich aus und kreiste durch mein Bewußtsein.

Es wirkte sich wie eine Art Verschärfung aus, wie ein erhöhtes Gewahrsein von ungeheurer Klarheit. Einen Moment lang dachte ich an alte Zweifel zurück, die ich schließlich bewältigt und überwunden hatte. Die Begeisterung durchströmte meinen ganzen Körper. Ich zweifelte nicht mehr länger an der Intelligenz der Natur.

Ich verschließe mich den Worten, die aus der Stille in mein Bewußtsein einfließen, jetzt nicht mehr. Die Stille verbirgt sich hinter dem Schleier der Zweifel, verdeckt durch die dichte Materie der physischen Realität. Es gab kein Aufwallen der Kraft im Fluß, nichts, worauf man sich zu konzentrieren hatte, doch viel klarer und deutlicher als je zuvor strömten die stillen Worte in mich ein.

Die Stille bewegt sich jenseits deines Fassungsvermögens.
Horch genau hin.

Plötzlich kam eine Brise auf, wie aus dem Nichts, und der Wind sang wieder in den Nadeln der Careya, die in der Nähe stand.

Im Inneren all der Geräusche des Windes und seines Singens in den Nadeln, des Windes und der wirbelnden, schwatzenden Blätter, des Windes und der platschend springenden Äschen, des Windes und des gurgelnd seufzenden Wassers, des Windes und der sich wiegenden, tanzenden Bäume erreichte und durchbohrte mich ein anderer Klang, süß und schmerzlich, doch viel zu fein, als daß man ihn benennen könnte, und trieb mir ungewollt die Tränen in die Augen.

Diese *Verzückung* spielte auf meinen Sinnen wie der Bogen auf Violinsaiten. Der Klang, der außen war, bewegte sich nach innen. Er ging in Stille über und erstreckte sich in einer unendlichen Welle von Zartheit, Klarheit und Einsicht durch mein Bewußtsein. Plötzlich sprang eine Äsche mit lautem Klatschen beinahe unter meiner Nase empor, und der Wind setzte aus. In der Stille wurde alles bewegungslos.

Wie unzulänglich deine Sinne doch sind. Von deinem Wesen aus habe ich die Stille erfahren, aus der ich stamme.

Wie begrenzt – aber verzage nicht.

Vor wenigen Wochen hätte selbst diese flüchtige Erfahrung dein Wahrnehmungsvermögen überschritten, ausgeschlossen durch die Selbstbezogenheit, in der der Mensch lebt.

Ich mußte aufstehen. Das Kribbeln und Stechen hatte sich in einen Krampf verwandelt, und als ich mein beinahe totes Hinterteil vom Felsen erhob, spürte ich das Blut in die betäubten Stellen strömen. Ich stöhnte laut auf.

«Da zeigt sich, wie eingeschränkt ich bin», murmelte ich, während ich ein paar Schritte machte, um den Kreislauf in Schwung zu bringen.

«Aber ich verstehe, was du mit dieser Selbstbezogenheit meinst. Sie macht eine erweiterte Sicht des Lebens unmöglich.»

Gehe sanft mit deiner Menschlichkeit um. Es ist ein Privileg, eine Ehre, Mensch zu sein.

Bewahre in deinem Bewußtsein die Gewißheit, daß du – ein Mensch – nicht auf körperliche Erfahrungen beschränkt bist. Du – ein Mensch – kannst das Universum in seiner Gesamtheit und Einheit erfahren. Diese Erfahrung wird jedoch deine normale Identität in Zusammenhang mit einem menschlichen Körper nicht auflösen. Das Bewußtsein wird sich ausdehnen, und alles wird Teil deines erweiterten Wesens. Deine Identität wird der Körper von Erde und Mensch – *der Menschheit selbst – sein, anstatt der Körper irgendeines Mannes – irgendeines Menschen. Jetzt geh und genieße den Fluß. Ich kann dein Unbehagen bereits spüren.*

Mich überkam ein Gefühl, das am ehesten mit Belustigung zu vergleichen wäre. Ich wußte, daß «Belustigung» nicht ganz das richtige Wort war. Vielleicht könnte man sagen, daß ich in diesem Moment die leichteren Seiten des Lebens zu schätzen wußte. Ich hatte den Eindruck, daß *ich* selbst diese Realität war. Heftig schwitzend hüpfte ich in der sengenden Hitze von einem Fuß auf den anderen und versuchte angestrengt, mir die wütend beißenden Ameisen vom Leib zu halten, die in Schwärmen über meine Füße krabbelten. Je mehr ich schwitzte, desto aufgeregter und aggressiver wurden sie. Es war Zeit, Schluß zu machen und schwimmen zu gehen.

Unsere allzu häufigen Angelausflüge während der Ferienzeit hatten Russells Appetit nach mehr angeregt, und jedes Wochenende begann mit der Frage: «Papa, können wir angeln gehen?» Im Grunde bedeutete das, daß ich als Transportmittel und Packpferd erforderlich war, denn Angeln interessiert mich nicht sonderlich. Russell hingegen tritt mit einer Angelrute in der Hand in einen tranceartigen Zustand ungeheurer Konzentration und Geduld ein, ganz im Gegenteil zu seiner sonst eher ungeduldigen Natur, die er zuhause an den Tag legt.

Vermutlich hatte ich mich zu oft gedrückt, so daß Russ eine neue Taktik entwickelte. Er hatte bemerkt, daß einer unserer Freunde, John Caporale, anfallsweise Begeisterung für das Angeln zeigte, die einmal stärker, einmal schwächer war. Mit vollendeter Geschicklichkeit schilderte ihm Russ die fantastischsten Anglerbedingungen in den leuchtendsten Farben, was sogar den faulsten Fischer noch hinter dem Ofen hervorgelockt hätte.

John erlag dieser List und saß an Russells Haken fest. Einige Wochenenden lang fuhren sie mit unterschiedlichem Erfolg zu den Stränden und Flüssen in unserer näheren Umgebung.

Eines Nachmittags beschloß ich, sie zum brackigen Einzugsgebiet des Bellinger River zu begleiten, eine Gelegenheit, die Natur in einem völlig anderen Gebiet zu erkunden.

Gegenüber der etwas steinigen, mit Grasbüscheln bewachsenen Sandbank, auf der wir saßen, wagte sich die dichte Vegetation eines Mangrovensumpfes kühn bis ins Wasser vor. Das Wasser, das gegen unsere Füße plätscherte, war sauber, doch in der Tiefe reflektierte es ein brackiges Braun, so daß seine Farbe an dunklen Tee erinnerte, der teilnahmslos in den Ozean strömte.

Das scharfe, weithallende Gebell der Kettenhunde auf der nahen Farm unterbrach die Stille, die von den sanft gegen die Ufersteine schlagenden Wellen getragen wurde. Aus einem hoch aufragenden Bambusgehölz drangen die krächzenden Rufe der Krähen, während die Schwalben in ihrer unermüdlichen Suche nach Insekten über die Wasseroberfläche glitten. Das Leben bestand aus Geschäftigkeit, einem ständigen Tun und Treiben.

Zehn weiße Reiher, die mit sichtlich kräftigen Flügelschlägen in den Aufwind zu gelangen versuchten, flogen an uns vorbei und steuerten von ihrem Instinkt geführt auf ein unbekanntes Ziel zu. Höhe und Lautstärke des Hundegebells änderten sich abrupt, als sich eine immer mehr anwachsende Herde Friesischer Rinder um die Stallungen versammelte. Das tägliche Melkritual sollte gleich beginnen.

Meine Gedanken schweiften in die Vergangenheit zurück. Ich erinnerte mich daran, daß ich selbst zehn Jahre lang dieses tägliche Ritual vollzogen hatte. Es war eine altvertraute Routine. Ich verspürte keinen Neid, als das zischende Saugen der Melkmaschine mit seinem beständigen, rhythmischen Pochen einsetzte. Das Geräusch, das der Wind herbeitrug, war nicht allzu laut, doch es verstärkte sich in den Ohren dessen, dem dieses spezielle Pulsieren vertraut war. Nein! Ich wollte nichts mehr von dieser Vergangenheit. Die Peitsche der Notwendigkeit hatte mich so viele Stunden eine Arbeit tun lassen, die ich verabscheute, doch ich hatte mich der von meiner Angst erzeugten Illusion unterworfen. Es war die Angst, daß meine Bedürfnisse auf keine andere Weise zu decken waren als durch die Unterwerfung unter ein System, für das ich keinerlei Achtung empfand. Eine Angst, die mein Vertrauen zusammengekauert und geschlagen in eine finstere Ecke verbannt hatte.

Jetzt kann ich Zeiten der Untätigkeit genießen, Zeit, um die leeren Räume des Augenblicks zu fühlen. Zeit, um die Leere und die Einsamkeit zu erkunden und festzustellen, daß sie voll und reich ist. Ein herausforderndes Paradoxon: Ich brauche Zeit, um die Zeitlosigkeit zu entdecken.

Eine Pause trat ein, und abgesehen von einem heftigen Wind, der sich bemerkbar machte, setzte alles andere aus. Ich sprach mit dem Fluß und dem Mangrovensumpf, die mir im Vergleich zur vertrauten Energie meines Platzes am Fluß mit seinen Bäumen und der gewohnten Freundlichkeit sehr fremdartig erschienen. Den Fluß empfand ich als weit von mir entfernt, obwohl er meinem Bewußtsein zugänglich war. Sein Charakter, der von einer mir fremden Umgebung geprägt war, berührte meine verletzlichen Gefühle mit roher Gleichgültigkeit.

So breit ich auch bin, so andersartig ich mich ausdrücken mag, so schnell ich verebbe und fließe, so unterscheide ich mich doch nicht von dem Fluß, mit dem du kommunizierst. Ich bringe eine andere Qualität zum Ausdruck, so unterschiedlich wie ein Finger und eine Zehe – und so gleichartig.

Die Fremdartigkeit, die du spürst, ist deine eigene Reaktion auf die Umgebung. Sie wird weder vom Fluß erzeugt noch von ihm beherrscht. Deine Emotionen sind deine Antwort.

Behagen oder Unbehagen, Empfänglichkeit oder Befremden, es ist deine Wahl – oder, um in diesem Fall etwas genauer zu sein: deine Reaktion.

In der Reaktion hat man keine Wahl. Lerne, Bereitschaft zu üben anstelle nur zu reagieren, denn dazwischen liegen Welten.

Der Wind war merklich stärker geworden und wehte kühl vom Wasser herüber, was den beiden begeisterten Anglern jedoch zu entgehen schien. Das einzige, was sie schließlich bemerkten, war die mangelnde «Bereitschaft» der Fische, die sie zu fangen gehofft hatten.

Von der magischen Energie der Sonne inspiriert und ermutigt, besuchte ich unseren Fluß immer häufiger. Als ich eines Morgens auf meinem Lieblingsplatz saß, fiel mein Blick flußaufwärts auf eine Trauerweide. Die jüngsten Überschwemmungen hatten sie nackt und blattlos zurückgelassen. Die schlanken Zweige schimmerten in einem unglaublich zarten Goldton, der sich vor dem Hintergrund der dichten, dunkelgrünen Careyas, die den gesamten Wasserlauf flußaufwärts säumten, besonders gut ausmachte.

Die Trauerweide, die sich geschmeidig vor den heftigen jahreszeitbedingten Winden beugt, welche das Flußbett entlangheulen; diese Trauerweide, die die Wasseroberfläche in ruhiger Gelassenheit zärtlich berührt: Sie kann in ihrer widerstandslosen Stärke alles ertragen. Flexibilität ist die wesentliche Eigenschaft der Weide. Von den kräftigen Careyas, die sich am Ufer drängen, eingeengt, streckt sich die Weide in ihrer Suche nach Licht weit über den Fluß hinaus und überdauert. Obwohl die Careyas stark und standfest sind, werden doch bei jeder Überschwemmung vereinzelte Bäume aus ihrer Verwurzelung gerissen und vom tosenden Wasser hin- und hergeworfen, bis sie zerbersten.

Die Weide überdauert.

Sie leistet der aufsteigenden Kraft der zermalmenden Fluten keinen Widerstand. Während sie bis zur Hälfte im Wasser steht, winden und drehen sich ihre Zweige und tanzen nach der Melodie des Flusses . . . bis die Flut zurückgeht.

Die Weide ist wieder frei, und rasch ersetzen neue Blätter ihr zerzaustes Laubwerk. Ihre Stärke ist verborgen, doch aus Weidenholz werden die besten Kricketschläger angefertigt, die stark und elastisch sind.

Die Weide überdauert.

Der zarte Windhauch des Flusses berührte die goldenen Bögen und tanzte in einer Wellenbewegung durch den Baum. Es war die Poesie der feinsten Berührung der Natur. Ein Gefühl der Dankbarkeit regte sich in mir. Von so viel Schönheit umgeben zu sein, gepaart mit einer noch viel größeren Wohltat – daß ich mir die Zeit nehmen kann, solch goldene Augenblicke zu erleben: Das ist wahrhaft ein Segen!

Wir sind in liebevollem Gewahrsein miteinander vereint.

Ich war so sehr in dieses Wunder der Schönheit versunken, das sich da vor meinen Augen offenbarte, daß die Worte ganz unerwartet in meinem Bewußtsein auftauchten.

«Ich grüße dich, schlanke Weide. Ich schätze dich sehr für all das, was du repräsentierst.»

War da nicht ein langgezogener Seufzer, der von einer stillen Brise aufgefangen und weitergetragen wurde?

Wertschätzung, Achtung – das ist unter Menschen tatsächlich eine seltene Eigenschaft. Einander zu achten, die Natur und damit das Leben zu achten, erfordert Selbst-Achtung.

So wenige achten ihr eigenes Wesen. Die Energie, die wir von seiten der Menschen meist erfahren, ist Selbst-Verachtung, die tief und bösartig unter dem Schutt unterbewußter Ängste vergraben liegt. Kein Wunder, daß sich so viel Verachtung, ein solcher Mangel an Selbst-Achtung in Krankheiten und bösartigen Gewächsen manifestiert, denn diese Haltung ist eine Bösartigkeit im Geiste.

«Wie sehr bist du dir menschlicher Konditionierungen bewußt? Du scheinst Einsichten auszudrücken, die man von einem Baum gewöhnlich nicht erwarten würde.»

Deine Frage zeigt einen Rückfall in alte Gedankenmuster an. In der Welt der Natur, auf die du dich einstimmst, ist ein einzelner Baum eine Illusion. Ich bin eins *mit der Weiden-Energie. Weltweit* bin ich und sind wir eine *Energie. Ich stehe mit der Energie aller Bäume in Verbindung, ich bin nicht abgetrennt. Was* IST, *nenne es Intelligenz, Gott, Natur, wie auch immer, ist die Kraft, die in unserem Saft fließt.*

Ich bin und wir sind *reine Intelligenz in der von uns bewußt gewählten Ausdrucksform. Man hat dich bereits darauf hingewiesen: Genieße deine fünf Sinne, verwende sie weise, um deine physische Dimension zu erfahren, aber laß nicht zu, daß sie deine seelische Ausdrucksmöglichkeit behindern. Der menschliche Erfahrungsbereich ist heute auf die konditionierten Anschauungen eines abtrünnigen Verstandes beschränkt. Trotz der Erscheinungen, die das hervorruft, ist es weder gut noch schlecht.*

Es ist die individuelle Wahl jedes einzelnen.

Auch in der düstersten, abschreckendsten Form persönlichen Ausdrucks gibt es ein Licht.

Und gleichermaßen existiert auch in einem wohlwollenden, begnadeten Menschen die Dunkelheit. *Die Ausdrucksform eines gereiften Wesens, das sich selbst liebt, ist das Gleichgewicht. Der Verstand unterwirft sich der Liebe.*

Das Konzept *Nichts ist gut oder böse, nur das Denken macht es dazu* war mir nicht neu. Doch der Satz *Der Verstand unterwirft sich der Liebe* faszinierte mich. Man kann heute zahlreiche Seminare besuchen, wo man Techniken zur Kontrolle des Verstandes erlernt, um ihn sozusagen diszipliniert an die Leine zu nehmen.

«Ich würde gerne mehr über den Zusammenhang zwischen Verstand und Liebe erfahren», sagte ich im Stillen.

Was gibt es da zu sagen? Liebe ist das, was IST.

Davor beugt sich der Verstand. Wer vom Verstand beherrscht wird, stirbt durch ihn . . . und wird wiedergeboren.

Ein Mensch, der das erlebt hat, nimmt auf dieselbe Welt Bezug, betrachtet sich aber aus einer anderen Perspektive.

Er betrachtet das SEIN *mit den Augen der Liebe.*

Andere betrachten das, wovon sie glauben, es sei das Leben, mit den Augen der Angst.

Wenn dich andere in der Wahrnehmung des SEINS *nicht bestärken, wird dich die Liebe aufrecht halten. Wenn alle das unterstützen, woran allgemein geglaubt wird, dient es nur zur Aufrechterhaltung dieser Illusion.*

Es hat mich sieben Jahre bewußten Hinterfragens und oft schmerzlicher Anstrengungen gekostet, das Leben so zu akzeptieren, wie ich es jetzt wahrnehme – nämlich nicht mehr so sehr durch meine Angst getrübt.

Ich bin mir bewußt, daß die Angst nicht verschwunden ist, denn sobald ich locker lasse, beschwört mein Verstand bald wieder die alten Bilder herauf, um meine Hilflosigkeit am Leben zu erhalten.

Also stellte ich eine Frage.

«Werde ich weitere sieben Jahre brauchen, um mich ganz ans Leben hingeben zu können und von jeglicher Angst frei zu sein?»

Auf eine solche Frage gibt es keine Antwort. Du könntest in diesem Augenblick gänzlich von Liebe erfüllt sein und dich in reines Licht *verwandeln, oder du könntest erst nach vielen Jahren sterben und deine Angst hinausschreien. Diese Möglichkeiten existieren beide – es ist deine Wahl.*

Ich habe gewählt.

Jeden Tag gibt mir das Leben die Gelegenheit, meine Wahl

von neuem zu überdenken. Neuerlicher Druck, lukrative Angebote, aber der Preis wäre – wieder auf einem altbekannten Weg zu landen.

Ich kann es nicht tun, aber ich weiß, daß diese Fallstricke ein Geschenk für mich enthalten, denn sie stärken meine Entschlossenheit und klären meine Sicht.

Das Leben bietet nur Aufstieg und Erleuchtung an – aber durch die menschlichen Sinne wahrgenommen ist das nicht einfach zu erfassen oder zu verstehen. Du nimmst die Feinheit wahr, die der Kraft der Weide innewohnt. Elastizität ist ihre Stärke.

Ich erinnerte mich an ein universelles Gesetz: Verwende die Kraft des Gegners gegen ihn selbst.

Diese Kraft ist das Chi.

Viele große Männer und Frauen haben davon Gebrauch gemacht.

Ich stand auf und streckte mich. Die Weide schien unverändert, doch eine gewisse Leichtigkeit umspielte die Zweige und Blätter. Es war etwas, das keine physische Ursache hatte. Ich konnte einen Unterschied feststellen... und wußte, daß ich selbst dieser Unterschied war. Es vergingen Stunden, während ich in stiller Kontemplation auf dem dicken Brett saß, das uns – flußaufwärts gerichtet – als Sprungbrett diente. Ein plötzlicher, fordernder Windstoß ließ mich aufblicken, und da sah ich den Reisenden flußaufwärts auf mich zukommen.

In vollendeter Harmonie trieben Boot und Insasse auf mich zu. Das Boot – ein großes, vertrocknetes Blatt – war im rechten Winkel gebogen und bildete Segel und Rumpf zugleich.

Der Passagier war eine blaue Libelle, die in wilder Eleganz auf der Spitze des Segels wippte.

Der Anblick von so viel Schönheit inspirierte mich zu einem Gedicht.

Du Reisender, geheimnisvoll libellenblau,
genießt im Boot der weiten Ströme Überschau.
Wohin wird dich dein Segel heute bringen?
Dein Gold des Morgen – wo wirst du's erringen?
Suchst du das Meer der Harmonie zu finden
oder willst du gar ein neues Lied verkünden?
Bist du wie wir im Illusionen-Schleier
der Gier verfangen – oder bist du freier?

Blatt und Libelle waren verschwunden, vom Schwung der Strömung ungestüm auf ihrer Reise vorangetrieben.

Eine Atmosphäre friedlicher Ruhe legte sich über den Fluß.

In der tiefen, dunklen Höhlung flußaufwärts, die sich in Reichweite der Trauerweide befand, ging ein Paar Schnabeltiere früh morgens und spät abends immer auf Futtersuche, aber auch sie verhielten sich im Augenblick ruhig und blieben still in ihrem unterirdischen Tunnel in der satten, schützenden Erde. Ein frecher Felsdrache hastete geräuschvoll auf dem trockenen Laubteppich umher, beinahe als wollte er der Stille eine Herausforderung bieten. In dieser Ruhe war eine Intensität, die mich die Nähe der Natur um so deutlicher spüren ließ.

Es war interessant, denn ich dachte gerade darüber nach, daß mir die Natur keinerlei Verhaltensmuster für den Umgang mit ihr bot. Ich erntete im Garten meine Erfolge und Mißerfolge, wie jeder andere auch. Seltsam, und zugleich gar nicht seltsam. Eine gelenkte Führung in diesem Bereich würde wieder zu einer Abhängigkeit meinerseits führen, unbeabsichtigterweise Hilflosigkeit hervorrufen und aufrechterhalten. Das wäre nicht in meinem Sinne.

Eine solche Führung von seiten der Pflanzenwelt würde deine intuitiven Kräfte, dich mit dem Zentrum des Erkennens *in Verbindung zu setzen, vernichten.*

Die Energie war neu, von einer Qualität oder einem Charakter, den ich zuvor noch nicht erlebt hatte. Das *Erkennen* zeigte mir, wonach ich eigentlich suchte.

Ich ließ meinen Blick das Ufer entlangschweifen, bis ich einen jungen Maulbeerbaum sah, unweit von der Stelle, wo ich saß. Vermutlich war er aus einer Frucht entstanden, die ein Vogel im Flug fallen gelassen hatte. Er beugte sich weit über das Ufer hinaus und sog die Energie der Sonne mit seinen großen, grünen Blättern auf.

«Du bist es also, den ich da höre. Danke für deine Worte, und danke für die seltenen Gelegenheiten, bei denen ich im Wettstreit mit den Vögeln einige deiner Beeren genießen kann. Ich habe deinen Wohlgeschmack auf beiden Seiten des Erdballs kennengelernt.»

Das Erkennen *wohnt im Augenblick – im* Jetzt. *Vorheriges Nachdenken enthält kein* Erkennen, *denn Logik und Vernunft verneinen das Prinzip dieses* Erkennens. *Reagiert man aus Angst, wird das* Erkennen *verneint. Handelt man aus Liebe, so* IST *das* Erkennen *einfach.*

Der Fluß kräuselte sich um das dicke, ins Wasser ragende Brett, auf dem ich saß. Ich zog mir die Kleider aus, faltete mein Handtuch zusammen und legte es an das Ende des Brettes.

Nachdem ich mich – die wärmenden Sonnenstrahlen auf dem Rücken – hingelegt hatte, richtete ich meinen Blick auf das Wasser und starrte in die Tiefe. Eine kleine Wasserjungfer, schlank und zierlich, setzte sich auf einen der Buschgrashalme, die über das Wasser hinausragten. In einer geschmeidigen Bewegung krümmte sich ihr langer, schlanker Leib, während der Schwanz ins Wasser tauchte. Obwohl ich es nicht genau sehen konnte, wußte ich, daß sie mit Hilfe der Legeröhre Eier ins Wasser pumpte, die sich dann irgendwo festsetzen würden, bis die Zeit des Schlüpfens gekommen war. Gleich darauf war die

Wasserjungfer verschwunden, aber ich konnte eine der vielen großen Libellen sehen, die mit nach unten gebogenem Leib ihre Eier ablegte, indem sie in einer Reihe längerer Flüge hie und da die Wasseroberfläche kurz berührte.

Das Wunder von Geburt ... und Wiedergeburt?

Wenn im Frühling die Larven aus dem Ei schlüpfen, wird in der materiellen Wasserwelt ein Räuber geboren. Gefräßig und ewig hungrig, ist die Libellenlarve für alle Lebewesen ihrer Größe tödlich. Sie ist ein Tiger der Tiefe. Kaulquappen, die wesentlich größer sind als sie, sterben, wenn sie von dieser Killerlarve angefallen und ausgesaugt werden. Im Laufe der Zeit vollendet sich der natürliche Zyklus, und die Larve klettert auf einen Stein oder ein Stück Holz, wo sie der lichteren Atmosphäre der Luft ausgesetzt ist. Anschließend erfolgt die Metamorphose. Es kommt der Augenblick, wo die Hülle der Larve aufplatzt und eine Libelle triumphierend ans Licht der Welt tritt. Eine Pause ... einige wenige Stunden, um kräftige Enzyme durch die Flügel zu pumpen, Zeit, sie zu trocknen, zu festigen und zu stärken ..., und dann erhebt sich ein neues Geschöpf in die Lüfte. Hat die Larve in der Welt des Wassers um die nahende Geburt gewußt, die sie in die feine Welt der Luft führen würde? Hatte die Libelle irgendeine Erinnerung daran, daß sie der Wasserwelt im Tod entging, um in eine Welt der Luft hineingeboren zu werden?

Das Symbol hing über dem Fluß und verwirrte mich mit seiner offenkundigen Aussage. Wissen wir, woher wir geboren werden?

Vielleicht werden wir als wildes Raubtier in eine materielle Welt geboren, in der wir alles uns umgebende Leben terrorisieren und zerstören. Im Lauf der Zeit, wenn sich der Kreis aufgrund unserer unbewußt getroffenen Wahl schließt, sterben wir für diese materielle Welt.

Ist das unsere Metamorphose?

Werden wir im reinen Licht des Geistes wiedergeboren? Erheben wir unsere Schwingen, um mit der großen Kraft, die uns die Meisterung des Denkens verliehen hat, aufzusteigen, frei, um uns von Höherem zu nähren, frei, um im Sonnenlicht des SEINS zu baden?

Beschließen wir vielleicht in unserem Streben nach Vervollkommnung, wieder von neuem in die Welt der Materie einzutreten für ein kürzeres oder längeres Verweilen, weil wir die Sehnsüchte und Ängste beseitigen wollen, die diese dichte Atmosphäre durchtränken und unsere Gedanken und Handlungen vergiften? Könnte es sein, daß wir die Libellen des Universums sind, vertieft in das kosmische Spiel einer selbsterschaffenen Welt, nach Reinigung und Klärung strebend, welche nur durch Erfahrung möglich sind?

6. KAPITEL

März

Immer wieder zieht es mich ganz intensiv an den Fluß, es ist ein beständiges Drängen, das mich ruft.

Die Sonne scheint . . ., der Fluß ruft . . ., und ich gehorche.

Eines Morgens, als ich wieder diesem intensiven Drängen gefolgt war, saß ich auf unserem Sprungbrett, beugte mich über das flirrende, schimmernde Wasser und stellte folgende Frage: «Was ist es, das diesem Ruf Folge leistet?»

Such nicht nach der Trennung. Das Ich, das ruft, ist von dem, das antwortet, nicht getrennt.

Für all jene, die empfindsam genug sind und sich entschlossen haben, ihre feineren Wahrnehmungen zu beachten und zu kultivieren, hält das Leben zahlreiche Aufforderungen bereit.

Für dich ist es der Fluß, der ruft. Der Fluß wird zur Matrix. Das Bekannte fällt in seinen Schmelztiegel zurück. Es wird wiedergeboren: als Erkennendes.

Im Mutterleib der Natur ist das Wasser der Empfänger des Lebens . . ., und es gebiert.

«Heißt das, ich folge einem Ruf des Lebens, damit ich wiedergeboren werden kann?»

Aus deiner Entscheidung heraus bewegst du dich mit dem Leben, wie es IST.

Die trüben Wasser menschlicher Anschauungen würden dich in ihren Strudel der Illusionen zerren, während der klare Fluß der Natur bestrebt ist, die Geburt eines uralten Wesens in dir zu fördern.

Zweierlei Bewegungen wetteifern um deine Aufmerksamkeit. Du mußt diese Energien im Gleichgewicht halten, wenn du unversehrt aus diesem Wettstreit hervorgehen willst.

«Warum fühle ich diese Intensität? Wie ist das möglich, daß hinter meiner ruhigen Lebensart eine wütende Unzufriedenheit gärt und sich dennoch ganz mühelos mit heiterem Annehmen vereint?»

Deine Unzufriedenheit ist ein Segen – sei dankbar dafür.

Beachte, worauf sie sich ausrichtet. Du bist mit der Illusion des Lebens zufrieden. Ein inneres Erkennen *wütet gegen all das, was dir vom* Bekannten *angeboten wird.*

Das Schlachtfeld ist eine natürliche Dynamik, eine gewaltige Kraft, die gezügelt und gelenkt werden will. Und das ist nur durch die Hingabe an das SEIN *möglich. Das ist deine Schulung und dein Schicksal.*

«Es gibt also ein Schicksal?»

Wenn du es so willst, kannst du den Zeitpunkt bestimmen. Das Schicksal ist bewußt akzeptiert worden, doch die Wahl wurde getroffen, bevor das Bewußtsein um sie wußte.

Ich konnte die Begriffe und Ideen, die mir noch ziemlich neu waren, in mir auf und ab wogen fühlen, als schwebten wir ineinander verflochten in einem tiefen, dunklen Teich. Die Wahrnehmung meines eigenen Wesens weitete sich aus, und mit dieser Ausdehnung tat sich ein neues Gesichtsfeld auf.

Die Empfindung war anders als der Blick durch ein Teleskop, wo man mehr von immer weniger sieht. Statt dessen blieb der Sehvorgang derselbe wie zuvor, nur war ich mir nicht mehr bewußt, daß ich durch meine Augen blickte. Ich identifizierte mich mit allem, so daß ich die Dinge nicht *an-sah*, sondern mich in innerer Klarheit mit ihnen *eins* fühlte.

Ich war das Ich, das ich betrachtete.

Es war ein seltsames Erlebnis, neu und vertraut zugleich.

Eine orangerote Libelle ließ sich neben meinem Tagebuch auf dem Sprungbrett nieder. Im nächsten Augenblick war sie verschwunden, und doch verweilte sie gerade deshalb noch an diesem Ort. Aus normaler Sicht betrachtet war der Platz leer, von einer Libelle im physischen Sinne nicht mehr eingenommen, aber mein geistiges Gewahrsein der Libelle war klar und konzentriert vorhanden. Ein Gefühl der Verwirrung überkam mich; mein Verstand war über das Tempo, mit dem der Wandel stattfand, verblüfft.

Ich schloß die Augen und entspannte mich. Der Anblick selbst war verschwunden, doch die Wahrnehmung streifte umher wie ein Kind, das aufgeregt in ein neues Licht blinzelt. War es ein visueller Eindruck, eine Vorstellung oder Realität?

Eine Feinheit, die über alle Feinheit hinausging.

Einen Moment lang hatte ich vom Standpunkt des SEINS aus wahrgenommen. Es war ein Augenblick grenzenloser Zärtlichkeit.

«Warum», fragte ich, «kann ich diese Art von Wahrnehmung nicht aufrechterhalten?»

Was aus einer Matrix hervorgeht, muß wachsen. Würdest du dieses Prinzip leugnen? Kannst du den Klang verleugnen, um die Stille zu hören? Geht die Geburt dem Tod voraus oder der Tod der Geburt, oder sind Geburt und Tod nur eine falsche Sicht von dem, was IST*?*

«Strapazierst du mich absichtlich so?»

Ich hörte nichts, doch die Aufforderung eines klaren, einladenden Flusses überflutete mich mit solcher Intensität, daß ich meine nächste Bewegung nicht niederzuschreiben brauche. Noch bevor ich auf dem Wasser auftraf, entrang sich meinem Herzen ein Schrei. «Laß mich sehen, was ich höre, bitte, laß es geschehen.»

Ich tauchte tief und schwamm weiter, als es mit einem Atemzug überhaupt möglich war. Als ich wieder auftauchte, war ich nicht atemlos, sondern von einem Gefühl der Ehrfurcht erfüllt.

Was war da unten geschehen?

Körperlich fühlte ich mich vom Wasser umhüllt, und während ich schwamm, war mir der Fluß ganz deutlich bewußt…, auf einer anderen Erfahrungsebene schwamm ich jedoch im All. Eine riesige Leere, kein blauer, sternenübersäter Himmel umgab mich, nur das reine Nichts. Und dieses Nichts hielt eine Ewigkeit an, während ich nirgendwohin schwamm. Eine Welle der Verzweiflung, ja eine fast panikartige Hoffnungslosigkeit schlug über mir zusammen…, und da sah ich ganz nah vor mir einen Stern.

Hinter ihm und um ihn herum schwangen sich andere Sterne ganz zwanglos in ihre Position ein auf ruhigen Umlaufbahnen. Erleichtert schwamm ich auf sie zu und fragte mich, wohin ich mich jetzt wenden sollte und welcher wohl der am nächsten liegende Stern war.

Suche das Heil nicht in seiner zellulären Form, denn was ICH BIN, *ist das* Nichts *des Raumes. Ich schwimme im Universum dessen, was* IST.

Suche nicht nach der Form, sondern sieh, was die Form von innen her belebt.

Hör nicht den Klang, sondern die Stille, die ihn umgibt. Sieh nicht die Form, sondern den Raum, aus dem sie entsteht.

Während ich ins All schwamm, bewegte ich mich ohne zu atmen im Fluß, viel länger, als ein Atemzug gewöhnlich gereicht hätte. Es war eine Verneinung der Zeit.

Im Raum gibt es keine Zeit – keine reale Zeit.
In der Zeit gibt es keinen Raum – keinen realen Raum.
Kannst du das lösen und von der Wahrheit kosten?

Das Wissen war augenblicklich da. Die Erkenntnis brach über mich herein und pochte mit einem heftigen Aufwallen des Blutes in meinem Kopf.

Für die Bruchteile eines Augenblicks blieb die gesamte Welt stehen, und alles SEIN nahm einen Atemzug von purer Neuheit. Und ich war diese Neuheit. Für eine kosmische Libelle schien die Sonne auf hauchdünne Flügel, als die Enzyme einer höheren Wahrheit zu strömen begannen.

Ich tauchte nochmals ... gierig ... Aber da war es nur ein Fluß, in dem ich schwamm.

In meiner Beziehung zur Natur fand eine subtile Veränderung statt. Ich war nicht mehr länger der Beobachter, der von außen zusieht, sondern ich war das Erlebnis selbst – das sich erlebt.

Jahrelang hatte ich den Botschaften der Natur gelauscht, ohne ihnen einen Platz in der Realität einzuräumen. Wenn alle anderen taub waren, war es auch für mich einfacher, mich taub zu stellen. Doch jetzt, in meiner Hingabe an eine innere Wahrheit, stellte ich fest, daß diese seltsame Realität immer mehr von mir forderte. Und ich meine wirklich *fordern!*

Es war ein gewittriger Tag. Die Sonne hatte sich verdrießlich hinter schwere Wolken zurückgezogen, die langsam über den Himmel zogen. Der Wind erhob sich immer wieder und kam für ein paar Augenblicke in heftigen Stößen, um sich dann mit einem weichen Seufzen wieder zu legen.

Der Fluß rief.

Ich saß bequem im Wohnzimmer und versuchte, nicht darauf zu hören.

Warum sollte ich denn nicht in aller Bequemlichkeit auf die Weisheit der Natur hören? Warum zum Fluß, das ist doch auch nur ein Ort wie jeder andere ... Aber der Fluß rief.

Mit einem Seufzer erhob ich mich aus meinem Lieblingssessel, holte das Tagebuch und machte mich auf den Weg zum Fluß. Als ich an der Morton-Bay-Feige vorbeiging, bemerkte ich ein Häufchen frischen Kuhdung, der mit hellgrünen Fliegen übersät war. Hell und schimmernd summten sie in Schwärmen umher. Ich hatte diese Fliegen zuvor nie bemerkt.

Wohl ein paar Herbstfliegen, die noch spät schlüpfen – ein kurzer Flug und dann die Paarung – bis daß der Winter sie scheidet, dachte ich launig.

Ich hielt mich besonders vorsichtig am Geländer fest, als ich langsam den steilen Pfad über den buschbewachsenen Abhang hinunterging, der zu meinem Refugium am Fluß führt. Eine halbe Stunde vorher hatte es in Strömen geregnet, und der Weg bestand nur aus lehmig-nasser Schlüpfrigkeit. Auf halbem Weg glitt ich aus. Unglaublich! Nach fünfundzwanzig Jahren gelang mir eine perfekte Judorolle, wie ich sie im Unterricht in meiner Teenagerzeit gelernt hatte. Ich beendete die Rutschpartie mit einem lehmverschmierten Arm, aber im übrigen war ich nicht zu sehr mitgenommen.

«Na, wenn's das nur wert ist», grollte ich ... ganz, ganz leise.

Gleichmütig wie immer folgte der Fluß seinem Lauf. In diesem Augenblick hätte kein anderer Ort der Welt weniger einladend und zugleich geheimnisvoll aussehen können. «Irdisch» war das Wort, das mir angesichts dieser Stimmung durch den Kopf ging. Ich setzte mich auf das Sprungbrett, und wie auf ein Stichwort kam ein heftiger Windstoß den Fluß entlang, zerrte an meinem Tagebuch und spielte gleichgültig mit den flatternden Seiten. Die blasse, verwaschene Sonne guckte hinter einer Maske aus grauen Wolkenfetzen hervor. Um mich herum sang im Geäst der Bäume mein Freund Wind sein einzigartiges Schöpfungslied, bis die Blätter durch die Luft peitschten.

Würdest du den Wind leugnen, während du den Fluß akzeptierst?

Obwohl der Wind mit einem heftigen Stoß ins Geäst über mir gefahren war, blieb ich verhältnismäßig unbehelligt. «Ich bin bereit, dich als bewußte Energie zu akzeptieren, so wie jeden anderen Aspekt der Natur auch», antwortete ich.

Ich fühle, daß du es ehrlich meinst.

War es Zufall? Der Wind sank zu einem unglaublich sanften Murmeln ab.

In der Einheit, aus der ich stamme, gewahre ich deine Einstimmung auf die Natur. Ich bin an jedem Moment deiner Erfahrungen beteiligt. Ich bin der Wind und bestehe aus Luft – einem Grundelement.
Für dich bin ich Leben.
Für diese Welt bin ich Leben.
Für das Jenseits existiere ich in einem nicht existenten Zustand.

Es folgte eine Pause. Ich hatte nichts zu erwidern. Ein ungeheurer Windstoß, der die Bäume um mich herum schüttelte, erschreckte mich mit seiner plötzlichen Heftigkeit. In einem Anflug von Humor murmelte ich «tüt tüt».

Der Wind hatte sich gelegt, die Bäume standen unbewegt da. Eine seltsame Bewußtheit entstand um mich herum. Ich hatte unrecht. Die Dinge waren nicht so, wie sie mir erschienen. Die Blätter über mir wogten und tanzten immer noch und sangen die hohe Melodie des Windes ..., und doch herrschte statische Windstille in meinem Sein.

Eine Dualität der Erfahrung zeichnete sich ab. Da war Wind – und kein Wind. Da war Klang – und Stille. Bewegung – und Ruhe.

Jeder Vorgang bot sich meinem physischen und geistigen Selbst in seinem besonderen Moment der Wahrheit dar.

Meine Herausforderung bestand in der Verschmelzung dieser Bewegungen, ohne eine der Erfahrungen dabei zu verneinen. Es galt, beiden zu folgen und sie als IST anzunehmen.

Freude und Zärtlichkeit traten an die Oberfläche meines Bewußtseins. Ich blickte mit meinem inneren Auge liebevoll auf die zwei Aspekte meines Selbst, beide wach und zugleich behaglich in ihrer Zweisamkeit. Für einige Augenblicke gewahrte die Bewußtheit des IST eine Dreiheit von Identität ..., und dann brach die Sonne hervor und tauchte die gesamte Erfahrung in das Licht ihrer Erleuchtung.

Ich wurde zum Ich des alltäglichen Lebens. Ich wurde zum Ich, das weiß, wer ich bin. Ich wurde zum Ich, das IST.

So wie ich den kraftlosen Halt abgestorbener Blätter von einem Baum löse, werde ich alte, verbrauchte Konzepte aus deinem schwachen Griff lösen. Dein Weg ist ein Weg der Hingabe. Willst du frei werden, mußt du loslassen. Nach menschlichem Ermessen erfordert das Mut. Es ist der Weg des Un-Wissens, wissend, daß das Erkennen IST.

Ich lächelte angesichts der Absurdität einer unzulänglichen Sprache.

Ja, du lächelst vielleicht, aber die Natur kann sich nur durch dich *in* deiner *Sprache ausdrücken.*

Während wir imstande sind, deine Ansichten vom Leben zu erwei-

tern, aufzulösen, zu ersetzen und neu zu beleben, bist du Herr über deine Worte.

«Möchtest du, daß ich neue Worte gebrauchen lerne, um mein Vokabular zu erweitern?»

Nur im Sinne eines natürlichen, organischen Vorganges. In dem Maße, wie du fließt und dich erweiterst, wird sich deine Fähigkeit, alles zum Ausdruck zu bringen, mit dir entwickeln.

Wie gesagt – wir wünschen Offenheit und Einfachheit. Deine Gabe besteht in der Kommunikation durch Einfachheit. Zerstöre sie nicht.

«Ich nehme an, du beziehst dich auf das menschliche Ich, das ich kenne. Klug zu sein erscheint mir nicht sonderlich erstrebenswert.»

Du bist klug genug. Die Einstimmung auf die Natur erfordert weder Schläue noch Klugheit.

Demut benötigt man dafür. Demut, um deine dir innewohnende Größe anzuerkennen, und eine Demut, die diese Größe als Teil des universellen SEINS *begreift.*

Erinnere dich, mein Freund, wenn du die sonnendurchfluteten Räume in deiner erwachenden Erfahrung des Nichts bereist, erinnere dich an den Wind und seine Substanz – Nichts, kein Ding.

Die Worte hatten etwas Geheimnisvolles an sich. Wir Menschen sind ein Geheimnis, vom Geheimnis umgeben. Was für ein Hohn ist es doch, sein Leben mit der Suche nach Geld und Vergnügen zuzubringen, wenn man dafür das Mysterium des SEINS opfern muß. Auf Traceys Kaffeetasse stehen folgende Worte: *Das Leben ist kein Problem, das gelöst werden muß, sondern ein Geheimnis, das es zu leben gilt.*

Dieser Augenblick war vom Geheimnis beherrscht, das voll

Intensität in Wind und Lebenskraft vibrierte. Vielleicht geht es im Leben darum, ständig zu fragen, ohne eine Antwort zu suchen, aber das ist nicht leicht zu erreichen, weil wir dann mit den Begriffen *Loslassen* und *Sein* konfrontiert sind. Das sind vage Worte mit vager Bedeutung, doch ich vermute, es ist unser Schicksal, diesen Begriffen Sinn zu verleihen.

Fragen bedeutet vielleicht, daß wir suchen, um zu erforschen, nicht aber, um auszubeuten. Es ist viel mehr ein Suchen als ein Finden, um das Leben als offenes Abkommen mit Gott zu leben, anstatt auf die Suche nach einem nicht vorhandenen Abschluß zu gehen. Wie sollte das, was kein Ende hat, jemals seinen Abschluß finden?

Der Tag war ruhig, aber der Himmel war bedeckt. Diesmal war es nicht der Fluß, der mich rief, sondern ich verspürte das Bedürfnis, mich mit ihm zu unterhalten.

Als ich mich dem Wasser näherte, vermißte ich das Funkeln der tanzenden Lichtpunkte, das nur die Sonne hervorrufen kann. Eine erwartungsvolle Ruhe lag über dem Fluß, dessen Lebendigkeit trotzdem deutlich spürbar war.

Eine Flasche, die auf den Wellen tanzte, trieb auf mich zu. Sie schwamm rasch an der Trauerweide vorüber und kam schnell und zielstrebig auf das alte Brett zu, auf dem ich saß.

Als sie langsam über die teichähnliche Vertiefung trieb, die den Schnabeltieren als Jagdgebiet diente, geriet sie plötzlich aus dem Fluß der Strömung und drehte sich in langsamen, wirbelnden Bewegungen verzweifelt im Kreis.

Die Strömung zog weiter, doch die Flasche konnte ihr nicht mehr folgen. Wie viele Menschen kenne ich, denen es ebenso ergeht?

Wie lange habe ich mich selbst hilflos im Kreis gedreht als einer, der dem Strom des Lebens nicht folgen kann?

Viele Fragen tauchen in mir auf, während ich die beinahe stillstehende Flasche beobachte, aber es war keine Antwort erforderlich. Das Gefühl der Sinngebung, das uns motiviert, vermittelt uns die Illusion, daß wir uns im Hauptstrom des Lebens befinden. In Wahrheit drehen wir uns jedoch in einem toten Seitenarm langsam im Kreis, während die aufsteigende Woge der Aktivität an uns vorüberzieht. Wir besitzen ein göttliches Recht auf Leben, das wir nie verlieren können, doch die Entscheidung, dem Hauptstrom zu folgen, anstatt in toten Gewässern zu verweilen, müssen wir selbst treffen.

Die gesamte Menschheit ist im Fluß des Lebens enthalten, doch die trägen, tiefen Stellen und die flachen Stromschnellen sind oft trügerisch. Wenn du bewußt und wachsam durch die Welt gehst, kannst du sie richtig deuten; wenn nicht, bist du ihnen ausgeliefert.

Eine Bewegung im Wasser unter mir erregte meine Aufmerksamkeit. Ein Leoparden-Aal bewegte sich mit zielstrebiger Wendigkeit die Felsvorsprünge am Ufer entlang. Seine Absicht war offenkundig – er befand sich auf Futterjagd. Geschmeidig und ruhig suchte er nach seiner Beute, wobei er den Kopf mit tödlicher Effizienz in jedes Loch und jede Felsspalte gleiten ließ. Er war nicht besonders groß, knapp einen Meter lang. Einige Leoparden-Aale erreichen bis zu zwei Meter Länge und tragen einen breiten, gefleckten Streifen auf dem Rücken. In unserem Flußabschnitt sind sie die Beherrscher der Unterwasser-Welt. Ein aufgeregter, nur halb ausgewachsener Wels schoß aus einer Felsspalte hervor. Der Aal ignorierte ihn und setzte seine langsame, sorgfältige Inspektion mit wachsamer Intensität fort. Vermutlich standen Flußkrebse auf seinem Speiseplan!

Der Aal verfügt über eine gewisse Zielstrebigkeit, und der Hunger ist seine Motivation. Beachte jedoch, wie klein der Flußabschnitt ist, der von jeweils einem Aal beherrscht wird.

Ich kannte die territorialen Gewohnheiten dieser Tiere. Jeder Aal steckt am Flußufer einen «Claim» seiner Wahl ab. Einige der größeren und weniger lästigen Aale (sie sind weniger erregbar und nicht so kampflustig) trifft man halb versteckt unter im Wasser liegenden Baumstämmen an. Manchmal ließ sich einer von ihnen den weichen Bauch streicheln, wobei er sich unter der sanften Berührung meiner Finger halb zur Seite legte. Im Laufe eines Sommers war es mir gelungen, mit bestimmten Aal-Individuen eine echte Verbindung herzustellen.

Es ist nicht Ziel der Menschheit, ein Gebiet abzustecken und für immer dort zu verweilen. Nur die Angst muß sich an einen Bereich klammern, den sie das Zuhause nennt und als Ort der Sicherheit betrachtet. Es gibt Wesen, deren Bedürfnisse und Ziele auf diese Weise erfüllt werden, denn sie erreichen wahres Wachstum, indem sie Wurzeln schlagen. Aber der Mensch ist kein Baum.

Werden die Wurzeln beschnitten, so daß sie kein Gebiet jemals ihr eigen nennen, läßt sich dadurch ein größeres Wachstum erzielen.

Laß das Besitzen dort beginnen, wo es nicht mehr benötigt wird. Solange die Sicherheit den Besitz fordert, bedeutet das lediglich Stagnation hinter der Maske des Komforts, der dich bindet.

Der Fluß fließt immer weiter.

Dein Zuhause soll eine Basis für dich sein – aber niemals der Sinn selbst. Sonst werden dich deine Grenzen beherrschen, so wie ein Aal von seinem Territorium beherrscht wird.

Was siehst du, wenn du ins Wasser blickst? Das Wasser von letzter Woche, von gestern ...? Oder ist es frisch, ewig fließend, ewig neu?

Ich schäme mich beinahe, es niederzuschreiben, aber von meinem begrenzten Standpunkt aus hatte ich den Fluß nie als völlig *neu* betrachtet. Ich sah immer denselben Fluß und dasselbe Wasser. Meine Augen belogen mich, und mein Verstand nährte diese Lüge auch noch. Das Wasser ist neu, es ist eine beständige Neu-heit, und obwohl ich das verstandesmäßig begriffen hatte, waren meine Augen nie über ihre Konditionierung hinausgegangen.

Trotzdem hatte ich die «Neu-heit» des Wassers gefühlt.

Seine Lebendigkeit war mir bewußt gewesen, nur meine Augen hatten sich getäuscht.

Jetzt ... betrachtete ich den Fluß mit anderen Augen.

Was erwartete ich? Nahm ich an, daß er anders aussehen würde? Nein, er sah aus wie immer. Und wieder war *ich* der Grund des Unterschieds. Ich erkannte, daß der Unterschied niemals im Betrachteten, sondern nur im Betrachter liegt.

Als ich den steilen Pfad wieder hinaufkletterte, dachte ich weiter über das «frische» Wasser nach. Mit «frisch» meine ich soviel wie «neu». Es war gerade Essenszeit, und ich ging in die Küche, wo mir Treenie pochierte Eier auf Toast anbot. Während ich sie beim Zubereiten der Mahlzeit beobachtete, begriff ich, daß das «Frischwasser-Prinzip» auch auf Menschen zutrifft. Wenn ich morgens aufwache, sehe ich dann durch die Täuschung meiner Augen die Frau von gestern, oder kann ich eine neue Treenie sehen, indem ich sie «von neuem» betrachte? Wenn ich eine neue Treenie sehe und sie einen neuen Michael, wird unsere Beziehung frisch, neu, vital und lebendig sein. Sehen wir in einander jedoch nur den Partner von gestern, schaffen wir dadurch die Ursache für Stagnation und Wiederholung in unserer Beziehung.

Ihr selbst stellt immer den jeweils verursachenden Faktor dar.

Betrachtest du die Menschen von heute mit den Augen von gestern, verläßt du dadurch den Hauptstrom des Lebens, um in einem Wirbel der Stagnation zu verharren.

Bei einigen unglücklichen Leuten nennt sich das Ehe. Sieh deinen Lebenspartner und alle anderen Menschen im Augenblick jeder Begegnung als völlig neu *an.*

Auf diese Weise kannst du auf einem beschränkten Gebiet verweilen und doch im frischen Strom des Lebens dahingleiten.

Anstatt das Leben zu suchen, wird das Leben vielmehr dich suchen. Damit enthüllt sich das Paradoxon. Ein unstetes Leben, das man jedoch durch die Augen von «gestern» betrachtet, verneint jegliche Bewegung oder Veränderung.

Lebst du dein Leben aber auf einem kleinen Stückchen Land von deinem Zuhause aus und betrachtest es mit den Augen des Heute, so wirst du zu jener Öffnung, durch die das Leben ewig frisch und neu hindurchfließen kann.

Aber auch für jene, die weit umherziehen und immer in Bewegung sind, die alles Leben ewig wachsam und stets offen durch die Augen dieses Augenblicks *betrachten, wird das Leben selbst zum Segen.*

Ich war still, denn angesichts der Größe und des Wachstums, die mich noch erwarteten, verspürte ich eine tiefe Demut.

Es gab eine Zeit, in der das Tal, in dem wir leben, von dichten Wäldern bedeckt war, die die Abhänge des Hochplateaus geradezu überfluteten. Unter all den Bäumen war die riesige Cedrela, das australische «Mahagoni», der König. Außerdem war sie der einzige Laubbaum des Waldes. Diese Zeit ist vorbei. In seiner Narrheit hat der Mensch den wertvollen Baumbestand geplündert und das Tal bar seines ursprünglichen Reichtums zurückgelassen. Nur einige wenige Cedrelas haben überlebt, da ihr Holz zum wertvollsten und begehrtesten von allen zählt.

Ich saß in unserem Garten unter einem dieser Bäume und studierte die wenigen Cedrelas, die zwischen den Zitronenbäumen verteilt nahe bei unserem Haus standen. Obwohl die Bäume für ein ungeschultes Auge groß erscheinen mochten, waren sie mit knapp siebzehn Metern Höhe lediglich Schößlinge. Die rauhe Rinde war von unzähligen schmarotzenden Orchideen überzogen, die sich von Ast zu Ast ihren Weg bahnten, um alles mit einer dichten Decke fleischiger Blätter zu umhüllen. In den Gabelungen der dicken Äste drängten sich große Orchideen zu einem Dickicht zusammen, das mit seiner Blütenpracht einen wohltuenden Ausgleich in jeder Jahreszeit bot. Hier und da sah man die fransigen Wedel von Geweihfarnen, die sich mit lässiger Gleichgültigkeit an den verschiedensten Stellen angesiedelt hatten, durch das Laubwerk leuchten.

Der Herbst hatte bereits begonnen, doch die Cedrelas waren noch grün geblieben. Viele Wochen sollten noch vergehen, bevor die winterliche Kälte die Versorgung der Blätter mit den nötigen Säften verhindern würde.

Ich bin kein Botaniker und weiß über das Alter der verschiedenen Baumarten kaum Bescheid, aber die Energie der Cedrela fühlt sich für mich sehr alt an. Es scheint, als hegten diese Bäume die Weisheit einer längst vergangenen Art, auch wenn sie nicht-physischer Natur ist. Ihre Wurzeln gehen über den normalen Wahrnehmungsbereich eines Baumes hinaus.

Der bewölkte Himmel umrahmte einen weiteren grauen Tag und erzeugte eine brütende Atmosphäre. Die Energie schien jedoch auf den längst vergessenen Glanz eines früheren Zeitalters ausgerichtet. Ich fühlte, wie mein Bewußtsein auf seltsame Weise in die Vergangenheit gezogen wurde. Wie auf einer Wolke aus Licht schwebte es über die brütende Intensität hinweg, um in eine andere Dimension visueller Eindrücke emporzusteigen. Aus einer inneren Schau, die sich hoch über das Tal erhob, blickte ich auf riesige Wälder in einem Bereich ohne Zeit.

Was ich dabei wahrnahm, grenzte an Einbildung, denn es war viel mehr ein «Fühlen» als ein «Sehen» der Vision. Meine Augen hätten beim Anblick eines urzeitlichen, üppig wuchernden Waldes, der von Cedrelas überragt wird, sicherlich protestiert, da er sich an einer Stelle befand, an der heute nur mehr sanfte, grüne Weiden liegen, auf denen hauptsächlich Kikuya (eine Art Elefantengras) wächst.

Diese Wahrnehmung führte mich zu der Annahme, daß meine Augen nicht die ganze Wahrheit zu erfassen vermochten, sondern nur eine Ebene einer Wahrheit, mit der wir in unserer Gesamtheit in Verbindung stehen. Die Filme von heute strafen das alte Sprichwort «Sehen heißt glauben» lügen. Unser Sehvermögen ist begrenzt, denn es füttert uns gleichermaßen mit Täuschung und Falschem wie mit korrekten Eindrücken. Meine Wahrnehmung ließ mich auch vermuten, daß sich mein Leben reicher gestalten würde, wenn ich mich für verschiedenste Erfahrungen öffnete, anstatt im dreidimensionalen Bereich visueller und auditiver Eindrücke zu verweilen.

Mit der Stille kam die Klarheit.

Die Zeit, in der große Wälder viele Täler wie dieses hier ausfüllten, ist nicht von dieser Zeit getrennt.

In der Dimension, auf die sich die Menschheit bezieht, sind die Wälder verschwunden, während die noch bestehenden von Ausrottung bedroht sind. Das geschieht so im Vorübergehen.

Dies ist die Realität, mit der der Mensch in Übereinstimmung lebt, doch es ist nicht die Realität des SEINS.

Wenn euch das Leben nicht das exakte Gesetz von Ursache und Wirkung für euer Realitätsempfinden zur Verfügung stellte, wärt ihr lernunfähig. Lernen erfordert, daß man die Polarität jeder Handlung erfahren kann. Und doch ist der Mensch nicht auf die physische Realität beschränkt.

Er kann seine erweiterten Fähigkeiten aktivieren, um sich in die Bereiche höherer Wahrheit und Realität vorzuwagen.

Fliege hoch über die Wälder und erfülle dein Herz mit Freude, denn diese Wälder sind realer als die Illusion, die ihnen ein physisches Gegenstück verweigert.

Einen beängstigenden Augenblick lang protestierte der logisch argumentierende Verstand angesichts dieser dualen Erfahrung gegen den erleuchteten Geist, aber er gab schließlich nach. Soweit das innere Auge reichte, war das Tal von einem dichten Teppich üppiger Wälder bedeckt, während sich ein glitzernder Fluß kristallklaren Wassers in weichen Schlangenlinien unter dem Baldachin der Bäume dahinwand.

Während ich als unendliches Seelen-Selbst auf das Land hinabblickte, saß mein begrenztes physisches Selbst ruhig und zufrieden mit dem Tagebuch auf den Knien in einem Stuhl. Weil ich diese Erfahrung ganz bejahen konnte, fühlte ich mich sehr wohl. Die sanfte Synthese im Erleben zweier Selbste, von denen jedes im Widerspruch zur sinnlichen Wahrnehmung der anderen Erfahrungsmodalität stand, war nicht so sehr eine Errungenschaft, sondern vielmehr eine Sache der Hingabe.

Wenn du Auflehnung, Zweifel und Verneinung aufgibst, hast du dabei nichts zu verlieren, im Gegenteil, du gewinnst Einsicht und Mut.

Durch die Hingabe des Selbst an einen fortlaufenden Prozeß geht alles Bekannte *verloren, währenddessen du dir das* Erkennen *ermöglichst – und das kann niemals zum* Bekannten *werden. «Erkennen ist verwirklichtes Wissen.»*

Der Augenblick, in dem das Bekannte *zündet und nur die Asche der Wahrheit zurückläßt, ist ein spontanes* Erkennen.

Die Konzentration der Energie schwand, und traurig kehrte ich in die begrenzte Normalität zurück. Die physische Welt wurde zum Brennpunkt der Aufmerksamkeit und stieß mich wieder in die Illusion der Einsamkeit zurück. Die Cedrelas um mich herum waren beim besten Willen eben doch nur Bäume, die in unserer Welt wuchsen und die zugleich weit entfernt, getrennt und ohne Verbindung zu unserer Welt bestanden.

Ich glaube, das Wohl aller Völker dieser Erde liegt in der Entwicklung jener Fähigkeit, die uns unseren Platz im Plan des Lebens erkennen läßt. Solange wir fernab von der Natur leben, isolieren wir uns von einer tieferen Beziehung zueinander und sind nicht imstande, der *einen* Gattung Mensch zu vertrauen und sie zu akzeptieren.

Der März beendete ein weiteres Kapitel, als ich achtsam und vorsichtig wieder zu meinem Platz am Fluß hinunterging. Der Tag schien von einer gewissen Intensität erfüllt, und als ich mich auf unseren Badesteg setzte, wirkte der Fluß so lebendig, daß allein mein Hiersein als Beobachter meine gesamte Aufmerksamkeit in Anspruch nahm. In den Tiefen unter mir schwamm ein Goldbarsch in langsamen, trägen Kreisen umher. Er war ein Neuankömmling, und ich bewunderte den zarten Goldschimmer, mit dem jede seiner Schuppen gezeichnet war. Es war ein kühner Fisch, der sich offensichtlich kaum bedroht fühlte und mit schielenden Augen zu mir heraufstarrte. Flußaufwärts flogen zwei Enten auf, die ein kurzes Stück Anlauf auf der Wasseroberfläche nahmen, bevor sie sich in die Luft erhoben. Ein gelber Schmetterling zog vorbei und hob und senkte sich in seinem sprunghaften Flug.

Äschen und Süßwasserheringe sprangen im Wasser, während Fächerschneppen und blaue Zaunkönige zwitschernd und schimpfend im Geäst über mir umherflatterten. Es war wirklich ein besonderer Tag.

Kannst du denn die Vollkommenheit nicht in jedem Tag und jedem Moment erkennen?

Ich war etwas erstaunt über diese Frage, da ich völlig in meinen Gedanken und Gefühlen versunken gewesen war. Obwohl ich mich für die feinstofflichen Energien des Flusses geöffnet hatte, überraschten sie mich nun doch. Die Frage schmerzte mich auch ein wenig. Um ehrlich zu sein: nein, ich konnte die Vollkommenheit noch nicht an jedem Tag und in jedem Augenblick fühlen. Ich würde es zwar gerne, aber ich werde immer noch sehr stark von meiner Umgebung beeinflußt.

Wenn jeder Moment in deinem Bewußtsein neu geboren wird, wirst du keinen Schmerz mehr erleiden. In der Wiedergeburt kann sich das Neugeborene für die Vollkommenheit entscheiden.

Wieder fühlte ich ein leichtes Erstaunen in mir. Der Hinweis auf den Schmerz war von besonderer Bedeutung für mich. In den Jahren in Tasmanien hatte ich mir ein Rückenleiden zugezogen, das aufgrund schlechter medizinischer Betreuung chronisch geworden war. Rückblickend muß ich anerkennen, daß dieser Schmerz ein wichtiger Katalysator in meinem Leben gewesen ist, doch bis zum damaligen Tag hatte er mich ständig verfolgt, und auf Monate der Freiheit folgten immer wieder Phasen intensiven Schmerzes. Nachdem gerade eine Woche Rückenschmerzen und Unbeweglichkeit hinter mir lagen, hätte ich viel darum gegeben, endlich davon befreit zu werden.

Du brauchst es nur aufzugeben, dir das Leid zu wünschen.

Plötzlich fühlte ich Zorn in mir aufsteigen. Die Behauptung, ich hätte den Wunsch zu leiden, war geradezu lächerlich. Ganz unerwartet intervenierte der Fluß auf physischer Ebene. Im Wasser unter mir schritt eine Wasserschildkröte mit würdevoller Langsamkeit das Flußbett entlang. Der lange, schlangenartige Hals war weit vorgestreckt, während sie mühelos gleitend vorüberzog. Diese graziösen Bewegungen eines sonst so plumpen Geschöpfs standen in krassem Gegensatz zum schwerfälligen Kriechen einer Landschildkröte. Ich bin nicht sicher, ob die australische Schildkröte ins Wasser gewandert ist oder ob sie es nie verlassen hat; es war jedenfalls ein kluger Schachzug. Keine der Schildkröten hier sind ans Land gebunden.

Die Landschildkröte trägt ihre schwere Last und kommt dabei langsam voran.

Schwerkraft bedeutet Druck.

Im Fluß wird die Schildkröte um ihr eigenes Gewicht erleichtert. Die Schwerkraft stellt für sie keinen Druck mehr dar. Es ist keineswegs eine naturgegebene Schwerkraft, die den Menschen einschränkt, sondern die Schwerkraft einer begrenzten, fixierten und einengenden Denkweise.

Würdest du all deine schweren Lasten dem Fluß des Lebens anvertrauen und dich vom SEIN *tragen lassen, könnte sich die von dir erfahrene Freiheit nicht in Rückenschmerzen manifestieren.*

Nur das Gewicht einer Überbelastung macht sich in Form von Schmerzen bemerkbar.

Unbewußtes – Unterbewußtes – Bewußtes – diese Last wird auf einer mentalen Ebene getragen, welche die physische Kapazität bei weitem übersteigt. Diese Überbelastung manifestiert sich als Krankheit, Unbehagen, Schädigung und Schmerz.

Die Worte waren klar, und intellektuell war ich mir ihrer Bedeutung schon längst bewußt. Aber wie? Wie läßt man los?

Ein solcher Schritt erfordert Hingabe. Er erfordert die Hingabe des Ego mit all seinen kleinen Ichs, die ums Überleben kämpfen.

Es ist wirklich nicht schwierig. Du brauchst nur die Wahrheit anzunehmen – und zu leben.

DIESER AUGENBLICK IST VOLLKOMMEN. *Sei dir dessen bewußt. Werde dazu. Lebe es. Atme es. Bewahre es dir. Mache es zu deiner Mitte.*

Die Vollkommenheit wird sich von einer unbequemen, schmerzhaften, beanspruchenden, unangenehmen, begrenzten Perfektion … in eine Vollkommenheit von Freiheit, Frieden, Annahme, Erweiterung und Uneingeschränktheit verwandeln. Das Leben wird von der Erstarrung in die Beweglichkeit übergehen. Der Schmerz ist ein Symptom. Die Ursache dafür ist Erstarrung.

Das Aufbrechen der Erstarrung mag Schmerz verursachen, sie zu bewahren ist *Schmerz. Erstarrung leistet Widerstand, fließende Beweglichkeit jedoch nicht – auch der Schmerz nicht.*

Beweglichkeit ist nicht, was du tust, sondern wie du es tust.

Beweglichkeit oder Erstarrung, jedes ist ein geistiger Zustand in Aktion. Die Behandlung einer Krankheit kann die Auswirkungen beheben, aber die Ursache bleibt ungelöst. Sie wirkt bestenfalls als Katalysator, durch den die Ursache erkannt und behoben wird.

Du kannst die Freiheit der Beweglichkeit erlangen, indem du dir bewußt machst, daß du bereits alles besitzt, was du dir wünschst. Dein Körper sagt dir: «Laß das Leiden los, erlaube mir, geheilt zu werden.» Du hingegen antwortest: «Nein, ich brauche den Schmerz, damit ich nicht vergesse, daß ich unfrei bin.» Laß ihn los. Du bist frei. Mach es dir bewußt.

In meinem Kopf drehte sich alles. Ich nahm einen tiefen Atemzug, atmete langsamer. Stille trat ein. Frei und leicht vernahm ich einen Dialog in meinem Inneren. Ich fühlte keinerlei Verhaftung an die Gedanken oder deren Bedeutung. Es ist möglich. Ich kann schmerzfrei sein. Ich brauche den Schmerz nicht mehr, sobald ich die Freiheit akzeptiere. Aber – ich kann ja die Freiheit nicht akzeptieren, weil ich gerade begriffen habe, daß ich sie nicht erkenne. Ich weiß nicht, was Freiheit ist.

Wie ein sanftes Flüstern durchdrang die Klarheit meinen inneren Dialog.

Freiheit ist *jetzt.* Sie kann in keinem anderen Raum und keiner anderen Zeit real sein. Nur *jetzt,* für immer. Auch das hatte ich schon lange gewußt, aber wiederum nur in meinem Kopf: als Idee, als Konzept. Niemals real. Denn ich hatte Schmerzen.

Vielleicht ist das ein weiterer Neubeginn. Ich fühlte eine Bewegung, während die Erkenntnis Kopf und Herz miteinander verband. Es paßt.

Die Wasserschildkröte kam zurück und trieb in bedächtigen, stoßartigen Bewegungen quer über den Fluß. Als sie sich den Felsen neben dem Badesteg genähert hatte, kam sie langsam an die Oberfläche, wobei ihr Kopf das Wasser in kleinen, klaren Ringen teilte. Mit geöffnetem Maul schnappte sie nach Luft.

Plötzlich sah sie mich. Unsere Blicke begegneten sich einen Moment lang... und dann verschwand sie schnell in einer Welle und tauchte tief ins Wasser ein. Ich hörte keine Worte, aber in ihrem durchdringenden Blick hatte ich eine klare Botschaft gelesen.

Wer von uns beiden hat den härteren Panzer?

Als ich aufstand, schoß ein heftiger Schmerz durch meine untere Rückenpartie, so daß ich die verkrampften Muskeln sorgsam strecken und lockern mußte.

Ich spürte das Gewicht meiner Grenzen und meiner Erstarrung, als ich in die leere Tiefe starrte.

«Wer wohl?»

7. KAPITEL

April

Von Kindheit an wußte ich um die Verbindung zur Natur, diesen mystischen Faden, der über Verstand und Herz hinausgeht und mich mit einem geheimnisvollen, unbekannten Element in Kontakt brachte. Die mystischen Schriften aller Zeitalter beweisen, daß ich damit nicht allein war, doch aus irgendeinem Grund ist es der Menschheit insgesamt nicht gelungen, diese innere Wahrheit zu erkennen.

Die Großstädte mit ihren erstickenden Menschenmassen bieten weder Raum noch Zeit, um das Selbst zu entdecken, das weitere Realitäten zu erleben vermag. Ich hatte Glück, denn in meiner Jugend war ich von goldenen Weizenfeldern umgeben; da gab es grüne Wiesen und Wälder mit Eichen, Buchen, Sykomoren, Ulmen und anderen Freunden; da waren kühle Bäche und geheimnisvolle Teiche. Und später lernte ich als Erwachsener die Pracht der australischen Küstenlandschaften kennen, den dampfend feuchten Regenwald, die Hochlandseen, die kristallklaren, vom Menschen noch nicht vergifteten Flüsse und die Berge, die geradewegs zu den Sternen aufblicken. All das war immer leicht zugänglich. Unser früheres Zuhause befand sich in einer Umgebung, wo sich die Extravaganz der Natur noch ungezügelter entfaltete. Es lag in einem idyllischen Tal, unweit von unserem jetzigen Wohnort. Das Gebiet umfaßte Regenwald, Hügel und kleine Täler in einer außerordentlich harmonischen Verbindung. Ein Fluß wand sich am Fuße der Berghänge in Schlangenlinien entlang und bildete so eine natürliche Grenze für uns. Auf einer Strecke von mehreren hundert Metern zog sich ein Bambusdickicht am Fluß entlang, das üppig gedieh und mit jedem Sommer größer wurde.

Das Bambusdickicht wurde zu meinem Versteck und Heiligtum. Es war ein Ort, wo ich mich in Selbstmitleid ergehen oder den Schmerz eines verletzten Ego abschütteln konnte – ein Ort der Stille. Ein schmaler, verborgener Pfad wand sich durch das Dickicht hindurch, bis man zu einem Baumstamm gelangte, der mit seiner gesamten Länge im Fluß lag. Da er flußabwärts gerichtet war, bot er dem Wasser keinen Widerstand. Er lag bereits lange Zeit im Flußbett. Ich nannte diesen Ort «Eidechsen-Terrasse», das beste Versteck zum Sonnenbaden.

Baumstamm, Fluß und Bambus bildeten einen Ort der Synthese, eine Matrix ganzheitlicher Energie. Auch nachdem wir unser früheres Zuhause aufgegeben hatten, kehrte ich noch oft zu den neuen Besitzern zurück, und nachdem wir eine Weile geplaudert hatten, machte ich mich auf den Weg zum Bambushain.

An einem dieser Tage ging ich gegen Mittag zum Bambushain hinunter, um mich bewußt mit den Energien der Natur wiederzuverbinden, die ich dort, als ich noch von Zweifeln und Konflikten geplagt war, erfahren hatte. Ich kroch in die Mitte des Hains und setzte mich, das Tagebuch auf den Knien. Der Zauber war so stark wie eh und je.

Die Sonnenstrahlen tanzten in langsamen, rhythmischen Mustern über die dichte Decke herabgefallener Blätter, auf der ich saß. Kühl und geheimnisvoll rief der Bambus Erinnerungen von Freude und Leid in mir wach, die ich nicht mehr getrennt voneinander wahrnehmen konnte, denn die Zeit hatte sie miteinander verschmolzen. Derselbe Fluß, dem ich auch zu Hause immer begegne, seufzte still, als er um meinen Baumstamm einen Bogen machte. Peitschenvögel riefen ihren rollenden, verzögerten Schrei hinaus, und ein schnalzender Laut zerriß die Stille des Hains.

Die Erde verströmte ein stechend-üppiges, organisches Aroma, während sich die Stille wie ein unsichtbarer Nebel herabsenkte. Um mich herum zeichneten sich die weichen, grünen Säulen der Bambusstämme gegen den blauen Himmel ab. Erst in einer Höhe von etwa dreieinhalb Metern waren diese schlanken Pfeiler von elastischer Stärke mit dünnen Ästchen und Blattwerk versehen. Ein Windhauch stahl sich leise durch die blaßgrünen Blätter über meinem Kopf, so daß die Schatten und sonnigen Flecken in einem lautlosen Tanz hin und her hüpften und den Zauber mit einem Hauch von Bewegung versahen. Friede, ein Friede jenseits aller Worte umhüllte mich und hielt mich für ein paar zeitlose, wertvolle Augenblicke sicher in seinen Armen.

Deine Gegenwart ist uns willkommen. Du stellst gerade wieder eine Verbindung zu einer Bewußtheit her, die schwachen Augen ähnelt, die an der Sonne blinzeln. Im Gegensatz zu deinen Augen kann das Bewußtsein jedoch das strahlende Licht ertragen, stärker werden und wachsen, um sich einer ständigen Erweiterung zu öffnen.

Du hast oft in unserer Mitte geweilt, doch du warst damals blind und taub für unsere feinen Energien und die sanfte Stimme der Wahrheit. Jetzt bist du mit der Geburt der Ganzwerdung, die du bereits im Herzen nährst, zu uns zurückgekehrt.

Wir heißen dich als Mensch, als Menschheit, willkommen.

Der Mensch ist von einer *Art, von* einer *Energie. In unserer Mitte befindet sich – in deinem ganzheitlichen Wesen enthalten – die gesamte Menscheit.*

Das Gefühl des Friedens intensivierte sich und wurde zu einer inneren Bewegung, die längst vergessene, tief vergrabene Emotionen in mir zum Klingen brachte. Die Einheit von Freude und Leid war mir auf einmal bewußt. Meiner normalen Sinneswahrnehmung gemäß waren Freude und Leid getrennt und drückten sich in äußerst unterschiedlichen Gefühlen und Reaktionen aus. In Wirklichkeit sind Freude und Leid innerhalb dieser Erfahrungen eins. Freude enthält Leid, und Leid erweitert und erfüllt die Freude nur. Ich weine oft aus dem Schmerz eines begrenzten Selbst heraus, doch das Weinen ist eine verwirrte Reaktion auf eine transzendente Freude, die einen Hauch von Schmerz in sich trägt. Ich verstehe diese Emotionen nicht. Ich kenne ihren Ursprung nicht. Ich kann sie nicht identifizieren. Ich weiß aufgrund meiner Erfahrungen mit höheren Realitäten nur, daß die Freude ohne den Schmerz verflacht. Ohne das «Zur-Erde-Fallen» gibt es auch keinen transzendierenden «Höhenflug».

Der innere Frieden wandelte sich um in eine feine, beinahe stechende Vibration. Es war, als fühlte ich eine innere Verschiebung, einen Augenblick der Trennung, und dann setzte die Dualität der Erfahrung wieder ein.

Licht und Schatten tanzten um mich herum, so daß die hellen Flecken auf meinem Körper und dem Bambus hüpfende Muster bildeten. Ich war verwirrt, denn es schien, als würde der Bambus um mich herum in einzelne Teile zerfallen und sich auflösen, während mein eigener Körper von diesem magischen Tanz des Lichts gefangen war. Als ob mich ein Windstoß inneren Ursprungs emporgehoben hätte, wurde ich aus dem Bambus hinausgeweht und gelangte in ein Universum farberfüllter Klänge und klangerfüllter Farben.

Nun bestand ich nicht mehr länger aus Bruchstücken. Als einzelnes, geeintes Wesen beobachtete ich von Milliarden innerer «Ichs» aus, wie ich mit dem menschlichen Gesang von Schmerz ... und Freude *eins* wurde.

Finde deine Mitte in dem, was IST.

Der menschliche Verstand klammert sich oft mit aller Heftigkeit an eine winzige Wahrheit. Umarme sie, mach sie dir zu eigen, aber verleugne die große Wahrheit nicht, deine Wahrheit, die menschliche Wahrheit.

Horche auf das gemeinsame Lied aller Menschen, aber hab keine Angst, dein eigenes zu singen. Tanze nach der Musik, die dein Wesen durchströmt. Folge dem Stern in deinem Herzen, bis du dich voll und ganz im SEIN *befindest.*

Nimm am Spiel des Lebens teil, aber beachte die goldene Regel: Der Spieler kontrolliert die Bewegungen, der Spieler ist der Beweger, der Spieler ist der Bewegte.

Meine innerliche Betrachtung des Lebens veränderte sich in dem Maße, wie sie sich erweiterte. Mir fehlen die Worte, um die sichtbaren Klänge zu beschreiben, aus denen ein unfaßbares Netzwerk im Raum entstand, und ich weiß auch nicht, wie man die Idee der reinen Energie erklären soll, aus der sich neue Welten bildeten.

Die Erfahrung der Ganzheit erreichte ihren Höhepunkt... zeitlos..., bis ich wie ein Blatt im Sturm von einem heftigen Windstoß erfaßt wurde..., mein Erfahrungsbereich verengte sich... und schließlich fand ich mich wieder inmitten von tanzenden Lichtpunkten, die über blaßgrüne Bambusstämme hüpften.

Ich fühlte mich vorübergehend etwas zittrig. Die Subtilität dieser Erfahrung war überwältigend. Sie konnte nur allzu leicht von Selbstzweifeln zerstört werden. Ich stand auf, um den Pfad zur Eidechsen-Terrasse hinunterzuklettern, die momentan nur erreichbar war, wenn man durch das herbstlich kühle Wasser schwamm. Meine introvertierte Stimmung hielt mich jedoch davon ab, als ich tief in Gedanken versunken am Ufer stand. Jedesmal, wenn ich einen Zustand dieser Verzückung erlebe, enthüllt sich mir dabei ein Paradoxon. Ich hatte Trennung und Verbundenheit gleichzeitig erfahren. Ich war erfüllt von dem Wissen, daß Zersplitterung und Ganzheit untrennbar sind.

Trennung und Verbundenheit, Zersplitterung und Ganzheit – sie alle sind Fasern in einem einzigen, universellen Faden. All diese Fäden werden als eine Energie in die menschliche Erfahrung verwoben, und nur wir sind diejenigen, die die Fasern voneinander trennen.

Trennung ist ein Konzept. Und zwar eines, an das wir glauben. Ein Konzept, das zum allgemein anerkannten Gesetz geworden ist. Wenn man an eine falsche Auffassung glaubt, ändert das jedoch nichts an der Wahrheit. Die Wahrheit – alles Lebendige miteinander verbunden – IST.

Ein beständiger Regen hatte die letzten Tage begleitet, und genauso beständig stieg der Fluß immer höher und höher. Am vierten Morgen schlitterte ich durch den triefenden Busch den Hang zur Wasserpumpe hinunter, um den elektrischen Motor abzustellen und damit spätere Probleme zu vermeiden. Unter mir stieg das Wasser ruhig und ohne die Heftigkeit an, die von starken Regenfällen gewöhnlich ausgelöst wird.

Das Wasser war angestiegen und schlug schon gegen unser Sprungbrett. Nur mit großer Anstrengung gelang es mir, das schwere, alte Brett höher in den Busch zu ziehen und in Sicherheit zu bringen. Dieser Ort, den ich so sehr liebe, liegt genau an einer Flußbiegung. Selbst wenn der Fluß nur wenig Wasser führt, ist der hervortretende Fels zu beiden Seiten von Wasser umgeben, so daß man sich beinahe wie auf einer Insel fühlt.

Als ich dort im Regen stand, schien sich der angeschwollene Fluß zu meinen Füßen beinahe zu spalten. Das Wasser bewegte sich mit turbulenter Energie in die kleine Bucht hinein, während es auf der anderen Seite sanft und schnell flußabwärts strömte.

Als ich stromaufwärts in den Regen blickte, schien es mir, als stünde ich in der Mitte des Flusses, als beeilte sich das Wasser, meinem inneren Ruf zu folgen. Lange stand ich so da und fühlte den Fluß in seiner ganzen Wesenheit. Aus meiner inneren Welt kannte ich ihn als Quelle der Freude und Inspiration. Das Wasser floß nun nicht mehr um mich herum, denn meine Bewußtheit dehnte sich immer mehr aus, umhüllte den Fluß und ließ ihn durch das Zentrum meines Wesens hindurchströmen. Und mit ihm kam eine überwältigende Freude und Dankbarkeit. Ich rief laut in den Regen hinaus:

«Danke für alles, was du mir gegeben hast. Du hast mir eine Ehre erwiesen, die ich nicht mißbrauchen werde.»

Die Freude wuchs, und Tränen mischten sich unter die Regentropfen auf meinen Wangen.

Wir haben dir nichts gegeben.

Wir haben dir nichts gezeigt.

Du bist es, der gelernt hat, die Früchte anzunehmen, die jederzeit für den Menschen bereitstehen. Die Frucht menschlicher Weisheit fällt sanft in jede Hand, die sich ihr in Liebe und Demut entgegenstreckt. Diese Frucht kann nicht vom Baum des Lebens gepflückt werden oder als junger Trieb geraubt werden.

Du bist es, der ins Wasser geblickt und darin die Spiegelung der Wahrheit gesehen hat. Wenn die Augen der Menschen von Angst geblendet sind, werden nur Habsucht und Gier reflektiert. Du hast die Klarheit der Natur dazu verwendet, jene Klarheit wahrzunehmen, die den Herzen der Menschen innewohnt.

Der Reichtum eines ganzheitlichen Lebens hat deine Freude wachsen lassen und die Tränen zum Vorschein gebracht.

Ich stand ganz still da und war gänzlich in einer realen Welt versunken, in der die Bewegungen der Natur einer absoluten Ordnung folgen. Draußen auf dem Fluß schwamm ein kleines, schwarzes Etwas, das meine Aufmerksamkeit auf sich zog und mich in mein übliches Realitätsempfinden zurückholte. Ich hatte mich oft gefragt, wie die Schnabeltiere wohl bei Hochwasser zurechtkamen. Jetzt wußte ich es. Ähnlich einem Blatt, das der Wind verspielt hin und her weht, trieb das Schnabeltier im Wasser, das sich in feinen Wellen kräuselte. Im einen Augenblick streckte es die kurzen, mit Schwimmhäuten versehenen Beine aus und beobachtete mit hellen Augen, was vor sich ging, um im nächsten Moment in das schlammig braune Wasser zu tauchen und die reichhaltige Nahrung zu verzehren, die das Hochwasser mit sich gebracht hatte.

Es war kein Kampf mit der Strömung, kein Versuch, seine Meisterschaft zu beweisen: Das Schnabeltier nahm die Kraft und Energie des Flusses zu Hilfe und nutzte sie. So wie der Adler die heftigen Aufwinde hoch oben in den Lüften meistert, beherrschte das Schnabeltier die wirbelnden Wassermassen. Ich dehnte mein Bewußtsein auf diesen unschuldigen Meister aus und las seine Absicht, als er tief ins Wasser eintauchte. Wir waren eins, und im verwirrenden Strudel von Wasser und Schutt verlor sich jegliche Sinneswahrnehmung und Orientierung.

Das Schnabeltier fraß, sah sich um und glitt geschmeidig mit tolpatschiger Grazie dahin – es war ein Meister in seiner Welt.

Plötzlich verlor ich den Kontakt und stand allein und tropfnaß auf dem Felsen. Ich fragte mich, ob ich das eben wirklich erlebt hatte. Ich stand da und beobachtete, Schüler und Lehrer, während mich ein einsames, uraltes Wesen, primitiv und einzigartig, lehrte, wie man die Strömungen des Lebens beherrscht . . ., mühelos.

Es kam ein Augenblick, plötzlich, mitten im Fluß; doch das Schnabeltier tauchte nicht wieder auf.

So verschwinden wir, jeder zu seiner Zeit und auf seine Weise, doch wie das Schnabeltier werden auch wir zu einem anderen Zeitpunkt an einem anderen Ort wieder auftauchen, um im Fluß des Lebens zu schwimmen. Es ist nur *ein* Fluß, in dem alles Leben schwimmt. *Ein* Fluß, *ein* Leben. *Eine* Bewegung, die in *einem* Moment erfolgt. Nicht der Fluß ist das Geheimnis, sondern das Schwimmen.

Ich stand wie gebannt da, während der Regen, der in dicken Tropfen durch das Laubwerk über mir fiel, Regenmantel und Kleider durchnäßte.

Irgendwo war das Schnabeltier wieder aufgetaucht. Obwohl ich es nicht sehen konnte, fühlte ich doch seine Gegenwart mit derselben Sicherheit wie die Verheißung eines neuen Morgens.

Über den Autor

Michael J. Roads wurde 1937 in Trumpington, Cambridge, in England geboren. 1964 wanderte er nach Tasmanien (Australien) aus, wo er zwölf Jahre lang Vieh- und Milchwirtschaft betrieb. Während dieser Zeit wandte er sich von konventionellen Methoden ab und ging zu einer Form der organischen Bewirtschaftung über. Dieser Schritt hatte auch eine dramatische innere Veränderung zur Folge, die seine Wiederverbindung mit der Natur ermöglichte.

Nach dem Verkauf ihrer Farm im Jahre 1976 reisten Michael und Treenie Roads zusammen mit ihren vier Kindern fast ein Jahr durch Australien. 1977 gründete Michael Roads die Homeland Foundation Community im Bellinger Valley, die nach dem Findhorn-Modell aufgebaut ist.

Sein erstes Buch, *A Guide to Organic Gardening in Australia,* war das erste dieser Art in Australien und kam 1976 heraus. Sein zweites Buch, *A Guide to Organic Living in Australia,* erschien 1977. Beide Bücher wurden in Australien Bestseller.

Neben seiner Arbeit als Autor leitet Michael Roads auch Seminare. Er hält Vorträge über den «Geist der Natur» und führt zusammen mit Treenie Workshops durch zum Thema «Was es bedeutet, frei zu sein».

Eine Reise vom Irdischen zum Wunderbaren

Michael J. Roads
IM REICH DES PAN
Reisen ins Herz der Natur
Ein spirituelles Abenteuer
236 Seiten, broschiert
ISBN 3-7157-0140-4

Auf einer spirituellen Reise ins Herz der Natur und auf der Suche nach Selbsterkenntnis und einer alles umfassenden Realität wird Michael Roads von der göttlichen Energie und liebevollen Weisheit des zauberhaften Pan geführt und inspiriert. Dieser öffnet ihm die verborgenen Augen der Natur für seine eigene innere menschliche Wahrheit.Er begleitet ihn vor die Tore des Geheimnisses und zeigt ihm die Wirkungsweise der Lebensenergie, die dem Universum innewohnt und den Zugang zu seinen eigenen persönlichen Quellen der Kraft.

Die Grenzen zwischen der natürlichen und übernatürlichen Realität werden fließend, wenn der Autor in seinen Visionen die allumfassende Einheit erfährt und eintaucht in die Wirklichkeit des Flusses, des Brombeerstrauches, des Kristalls, des Orkans und des Delphins. Er erfährt am eigenen Leibe und an der eigenen Seele, daß auch die Todesschwelle ihn nicht vom Leben trennt, sondern ihm den Eintritt in eine andere, freiere Dimension des Lebens ermöglicht.

Die Natur wird beschrieben als eine ungeheuer mächtige Kraft, als liebendes Wesen, das in uns das Licht des inneren Erwachens und der bedingungslosen Liebe entzünden will. Sie kennt keine Werturteile, Schuldzuweisungen oder Haßgefühle, sondern nur Urvertrauen und Liebe.

«Michael Roads zeigt den Weg, wie eine Reise vom Irdischen zum Wunderbaren unternommen werden kann. Er schenkt tiefe Einblicke in unser und der Natur innerstes Wesen.»

Richard Bach, Autor von
«Die Möwe Jonathan»

Der spannende Bericht einer Ausbildung zum spirituellen Krieger unserer Zeit

Tom Brown
DAS VERMÄCHTNIS DER WILDNIS
Visionen und Prophezeiungen zur Rettung unserer gefährdeten Welt

268 Seiten, broschiert
ISBN 3-7157-0159-5

Schon als Junge von acht Jahren begegnete Tom Brown seinem geistigen Lehrer Stalking Wolf, einem alten Schamanen vom Stamm der Apache, den er mit liebevollem Respekt «Großvater» nennt. Mit den offenen Augen und dem empfänglichen Geist eines Kindes läßt er sich einführen in die ahnungsvolle Welt der Visionen. Er wird eins mit der reinen Welt der Wildnis, in der die Natur ihn lehrt, durch ein Leben in beispielhafter Verantwortung für die Schöpfung seine eigene Zukunft und die der gesamten Menschheit zu bestimmen.

Tom Brown durchläuft eine harte und abenteuerliche Ausbildung zum spirituellen Krieger unserer Zeit – zur Rettung einer gefährdeten Welt. Denn die Erde ist in großer Gefahr und mit ihr alles Leben, wie wir es kennen. Vier große Prophezeiungen sind es, die der alte Weise seinem jungen Schüler mit auf den Weg gibt als Warnung und Unterweisung für alle, geschildert in der einfachen und würdevollen Sprache der Indianer. In diesen erschütternden Prophezeiungen, bereits vor Jahrzehnten ausgesprochen, erkennt jeder, der Augen hat, die großen Gefahren unserer modernen Zivilisation.

Gewaltig ist die Autorität, mit der ein alter Schamane diese Warnungen ausspricht. Und groß ist auch der Mut und die Kraft eines Jungen, der auf seine eigene Visionssuche geht und während langer Wanderungen in der Wildnis nicht nur lernt zu überleben, sondern auch seinen Urängsten begegnet und schließlich in einer überwältigenden Schau seine Bestimmung erfährt: einen ganz konkreten Weg zu zeigen, wie jeder bewußte Mensch die Zerstörung der Erde aufhalten kann.

Sein spannender und ergreifender Bericht wird viele Menschen dazu bewegen, vom Zug der Verderbnis abzuspringen!

Einweihung in das Wissen und Weltverständnis der Indianer: Die Lehrjahre eines spirituellen Kriegers

Tom Brown
DAS WISSEN DER WILDNIS
Botschaften der Hoffnung und Harmonie für eine lebenswerte Zukunft

308 Seiten, broschiert
ISBN 3-7157-0170-6

Ausgreifend über die abenteuerlichen Erlebnisse und Visionen, die in *Das Vermächtnis der Wildnis* geschildert worden sind, begegnen wir in seinem neuen Buch einem älteren Tom Brown, der, herangereift auf seinem Weg, zurückblickt auf seine Lehrzeit bei «Großvater», dem alten Schamanen.

Tom Brown hat eine Lebensgeschichte, die man sonst nur aus Romanen kennt. Sieben Jahre war er alt, als er dem Mann begegnete, der sein Leben prägte: Stalking Wolf. Der alte Indianer erfüllte dem Jungen einen Traum, den wohl alle Kinder haben: Er nahm ihn mit in die Wildnis und zeigte ihm zehn Jahre alles, was er wußte.

Für den jungen Tom Brown begann eine Lehrzeit der ganz anderen Art: «Lernen durch Tun»! Die Wildnis wurde seine Welt. Jede freie Minute verbrachte er in den Wäldern der Pine Barrens, dem Paradies vor der Haustür. Das Leben in der Natur wurde für ihn nicht mehr zum Gegenstand des Kampfes, sondern zu einem Akt der Hingabe. Er wurde unterwiesen in den Fähigkeiten des Fährtensuchens und Spurenlesens, aber auch im Wissen und Weltverständnis der Indianer: vom harmonischen Eingebundensein des Menschens in die Natur und in den Geist der Schöpfung.

Tom Browns Leben in der Wildnis wurde zu einer langen Reise zum Ich, eine Reise durch Ängste, eingebildete und echte Gefahren, durch Mangel und Überfluß. Anschaulich erläutert er, wie er lernte, Brücken zu schlagen zwischen den beiden Welten, die in Großvaters Denken und Handeln so eine wichtige Rolle spielten.

Alles kommt zum Leser in einer Lauterkeit, Lebendigkeit und Erlebnisfrische. Dies macht das Buch zum geistigen Kernstück des Lehrens und Wirkens von Tom Brown.

DAN MILLMAN – eine kostbare und unvergeßliche Begegnung

Dan Millman
DER PFAD DES FRIEDVOLLEN KRIEGERS
Die wahre Geschichte einer Erleuchtung
256 Seiten, broschiert
ISBN 3-7157-0086-6

Von diesem Buch wurden in den USA bereits über 400 000 Stück verkauft! Es hat die Anlage, zu einem der erfolgreichsten Lebenshilfebücher in unserer Zeit zu werden. Gleichzeitig beschreibt es ein spannendes und oft atemberaubendes Stück Weg der Transformation – die wahre Geschichte einer Erleuchtung.

Dan Millman war früher Weltmeister im Trampolinspringen und Internationaler im Turnen. Heute unterrichtet er fernöstliche Kampfsportarten, Yoga und spezielle Formen des Geist/Körpertrainings. Dazwischen liegt eine lange, erstaunliche, aber absolut glaubwürdige Geschichte – die seines vorliegenden Buches.

Dan Millman beschreibt seine Lehrzeit bei einem außergewöhnlichen Meister. Es ist ein moderner Sokrates, der sein geistiges Handwerk beherrscht. In seiner Schulung werden die Tiefen der menschlichen Seele ausgelotet und von lebens- und liebenshemmenden Hindernissen entrümpelt. Die endgültige Befreiung von der herzumklammernden Lebensangst wird hier ebenso gelehrt wie die von der Flucht in das andere Extrem, den träumerischen Illusionen.

Mit seinem oft befreienden Humor zeigt der Meister, daß er ein echter ist, denn in den unter seinem Scharfsinn oft schmerzreichen Seelenoperationen zwinkert manchmal ein feines Lächeln mit. Unter Aufbietung all seiner eigenen Lebenskräfte löst er Trauer und Verzweiflung auf und zwingt – mit aller Liebe und Güte – zum Leben. Er zeigt eindrücklich, daß der friedvolle Krieger sich nicht mehr als Opfer der Umstände sehen darf, sondern zum Baumeister seines eigenen Glücks werden muß, indem er frei vom Ego wird und sich nicht mehr mit jenem Wesen identifiziert, welches Erziehung und Gesellschaft aus ihm geschaffen haben. Dadurch wird er fähig, dem äußeren Leben wie auch den Welten der inneren Wirklichkeit mit Mut, Entschlossenheit und heiterer Gelassenheit zu begegnen.

Für den Leser kann seine Begegnung mit Dan Millmans Buch zu einem kostbaren Moment in seinem Leben werden – unvergeßlich! Es endet mit der minutiösen Schilderung der Ganzwerdung, wo er «sehend wurde für das Glück, das ihn schon immer begleitet hatte». Dieses befreiende Erkennen, dieses allesintegrierende Annehmen, diese einmalige Erleuchtung, hoch in den Bergen, ist ein ergreifendes Zeugnis einer wirklichen Menschwerdung.